HEYNE KOCHBÜCHER

Inhalt

Vorwort

Kräuter- und Früchtetees erleben zur Zeit eine Renaissance. Sie werden sowohl als Durstlöscher, als auch zur Steigerung der Vitalität oder als sanftes Heilmittel gegen zahlreiche gesundheitliche Beschwerden getrunken. Kein Wunder, schließlich nutzten Heilkundler und Ärzte seit jeher die positiven Wirkungen diverser Kräuter, Früchte, Baumrinden oder -blätter.

Nun lassen sich zwar nicht alle gesundheitlichen Probleme mit Tees aus natürlichen Zutaten lösen, sonst hätte beispielsweise die Pest ja auch nie derart wüten können, aber bei sehr vielen Beschwerden bringen sie Linderung oder gar Heilung.

Jedoch sollte man sich vor der sogenannten Selbstmedikation bei Ärzten, Apothekern oder Heilpraktikern kundig machen, denn manche Tees sind für Schwangere, Allergiker oder zum Beispiel Diabetiker nicht empfehlenswert. Viele dürfen nicht zu hoch dosiert oder über einen längeren Zeitraum verwendet werden.

Aber die wenigsten trinken Tee ausschließlich aus gesundheitlichen Gründen. Für die Genießer fruchtbetonter, gesunder Getränke sind daher drei kleinere Kapitel interessant, die über leicht zu bereitende heiße wie kalte Köstlichkeiten ohne schädliche Nebenwirkungen informieren.

Viel Spaß beim Lesen und Ausprobieren, vor allem aber beste Gesundheit wünscht Ihnen

Wolfgang Hubert

Pflanzen von A–Z

Ein Überblick über
gesundheitlich wertvolle Kräuter,
Früchte und Gewürze

Ackerschachtelhalm

(Equisetum arvense)

Geschichte:

Die mehrjährige blütenlose Pflanze ist auch bekannt unter dem Namen *Zinnkraut* und wurde bereits im alten Griechenland unter anderem wegen ihrer harntreibenden und blutstillenden Wirkung verwendet.

Selbstanbau:

Schachtelhalm läßt sich auch im Garten anpflanzen und liebt mit etwas Lehm versetzte Ackerböden. Die grünen Stengel werden zwischen Juni und September geerntet, an einem schattigen, luftigen Platz getrocknet und anschließend klein geschnitten.

Heilwirkung und Verwendung:

Schachtelhalm- oder *Zinnkraut*tee wird heute überwiegend als Blutreinigungsmittel bei Kuren sowie zur Behandlung von Asthma, Husten, Rheuma, Gicht und brüchigen Fingernägeln geschätzt. Gesichert ist jedenfalls seine wassertreibende Wirkung. Für einen Tee nimmt man 10 Gramm auf einen halben Liter Wasser und trinkt ihn über den Tag verteilt. Bei Herz- oder Nierenbeschwerden sollte man vor einer Anwendung aber unbedingt den Arzt befragen.

Alant

(Inula helenium)

Geschichte:

Die ursprünglich aus Asien stammende Pflanze wird heute weltweit als Heil- und Zierpflanze kultiviert. Es waren vermutlich Kreuzritter, die sie aus Kleinasien zu uns brachten.

Selbstanbau:

Alant kann in großen Gärten durch Wurzelteilung gezogen werden und bevorzugt einen schattigen, feuchten Standort. Die Wurzeln von zwei- bis dreijährigen Pflanzen gräbt man zwischen September und November aus, säubert und halbiert sie. Danach werden sie langsam getrocknet.

Heilwirkung und Verwendung:

Das auch unter dem Namen *Helenenkraut* bekannte Gewächs hilft vor allem gegen Verdauungsschwäche, Appetitlosigkeit, Magenbeschwerden, Völlegefühl und Bronchialkatarrh, wird aber auch als Gurgelmittel geschätzt. Ein bis zwei Teelöffel genügen für einen halben Liter Wasser. Mehrmals täglich eine Tasse trinken.

Andornkraut

(Marrubium vulgare)

Geschichte:

Lange Zeit war das mehrjährige Kraut aus medizinischer Sicht in Vergessenheit geraten, obwohl es einst im Süden Europas als geschätztes Mittel gegen Tuberkulose galt.

Sammeln:

Zwischen Juni und August sollte man das Kraut sammeln, an einem luftigen, schattigen Platz trocknen und danach klein schneiden.

Heilwirkung und Verwendung:

Ein Tee aus 5 Gramm Andorn und einem halben Liter Wasser kann bei folgenden Beschwerden täglich getrunken werden: Asthma, Bronchialkatarrh, Husten, Schnupfen sowie bei Rückenschmerzen und Hämorrhoiden.

Anis

(Pimpinella anisum)

Geschichte:

Schon vor Jahrtausenden schätzte man die Heilkraft dieser Pflanze, die in unserer Zeit hauptsächlich als Plätzchengewürz oder für alkoholische Getränke benutzt wird.

Vorkommen:

Anis wächst an geschützten Stellen auch in unseren Breiten, fühlt sich aber im Süden wohler, da er viel Wärme braucht. Die Samenkörner der einjährigen Pflanze werden im August und September geerntet.

Heilwirkung und Verwendung:

Anissamen wird sowohl als krampflösendes Mittel bei Magen- und Darmbeschwerden als auch wegen seiner schleimlösenden Wirkung bei Bronchialerkrankungen verwendet. Außerdem benutzt man Anis als Beimischung in diversen Hustentees, um deren meist etwas strengen Geschmack zu verbessern.

Apfel

(Mallus communis domestica)

Geschichte:

Unser Speiseapfel wurde aus dem europäischen Holzapfel, dem vorderasiatischen Zwergapfel und dem ostasiatischen Beerenapfel kultiviert.

Gewinnung:

Als Bestandteil von Früchtetees werden in erster Linie getrocknete Fruchtstückchen und Schalen verwendet, bevorzugt von Äpfeln aus biologischem Anbau.

Heilwirkung und Verwendung:

Apfelschalentee wird vor allem bei rheumatischen Erkrankungen empfohlen. Für die tägliche Ration gießt man zwei Teelöffel zerkleinerte, getrocknete Schalen von möglichst säuerlichen Äpfeln mit einem Viertelliter Wasser auf und läßt die Mischung zehn Minuten ziehen.

Aprikose

(Prunus armeniaca)

Geschichte:

Die Urform der Aprikose stammt vermutlich aus dem Norden Chinas.

Selbstanbau:

Der Aprikosenbaum stellt einige Anforderungen an seinen Standort, der warm und trocken sein sollte. Seine Erträge sind unregelmäßig und seine Lebensdauer für einen Baum relativ gering.

Heilwirkung und Verwendung:

Getrocknete Aprikosen sind vor allem bei Erschöpfung und Blutarmut empfehlenswert. Wer die Früchte nicht selbst schälen, danach vierteln und rasch trocknen möchte, sollte im Laden auf ungeschwefelte und unbehandelte Aprikosenstücke zurückgreifen. Die Früchte sind nicht nur gesundheitsfördernd, sondern auch eine geschmackliche Bereicherung diverser Teemischungen. Bei Früchten aus ökologischem Anbau kann man auch die Schalen separat trocknen und als zusätzliche Geschmacksträger verwenden.

Augentrost

(Euphrasia officinalis)

Geschichte:

Der wildwachsende Augentrost wurde schon von den alten Griechen zur Heilung von Augenkrankheiten verwendet.

Sammeln:

Das einjährige Gewächs, auch unter den Namen *Augustinus-* oder *Augenkraut* geläufig, wird während der Blütezeit von Juli bis September gesammelt. Dabei schneidet man den oberen blühenden, blättrigen Teil ab und entfernt verholzte und verunreinigte Teile. Beim Trocknen muß man darauf achten, daß die Pflanzen möglichst nicht übereinander liegen.

Heilwirkung und Verwendung:

Eineinhalb Eßlöffel braucht man für die Zubereitung einer Tasse Tee, der knapp eine halbe Stunde ziehen soll. Er hilft gegen Kopfschmerzen, Schlaflosigkeit, Husten, Nervenleiden und Krämpfe.

Baldrian

(Valeriana officinalis)

Geschichte:

Griechische Ärzte verordneten Baldrian bei Frauenleiden, Hildegard von Bingen verabreichte ihn bei Seitenstechen und Gichtanfällen, später empfahl man ihn gegen Husten und Sehschwäche. Die beruhigende Wirkung jedoch entdeckte man erst im 19. Jahrhundert.

Selbstanbau:

Im Pflanzkübel auf dem Balkon oder im Garten kann man die mehrjährige Pflanze an einer halbschattigen oder sonnigen Stelle selbst ziehen, sofern sie immer feucht gehalten wird. Die Wurzeln werden zwischen August und Oktober ausgegraben, gewaschen, zum Trocknen aufgehängt und danach grob zerkleinert.

Heilwirkung und Verwendung:

Dieses uralte Heilmittel wirkt leicht beruhigend bei allen Formen nervlicher Überreizung, Einschlafproblemen, Herz-Rhythmus-Störungen und nervös bedingten Magen- und Darmkrämpfen. Baldriantee kann man auf zweierlei Arten zubereiten: ein bis zweieinhalb Teelöffel mit einer Tasse siedendem Wasser übergießen, zehn Stunden ziehen lassen und vor dem Trinken etwas erwärmen oder dieselbe Menge Wurzeln mit einer Tasse kaltem Wasser zwölf Stunden lang ziehen lassen, vor dem Schlafengehen warmmachen und zügig austrinken.

Bärentraube

(Arctostaphylos uva-ursi)

Vorkommen:

Die auch *Mehlbeere*, *Moosbeere* oder *Wilder Buchs* genannte Pflanze zählt zu den Heidekrautgewächsen und gedeiht fast überall in Nordeuropa, wo sie oft ganze Matten bildet.

Selbstanbau:

Sie läßt sich problemlos im eigenen Garten anbauen, wo sie in der Frühjahrszeit mit ihren rötlichen Blüten erfreut. Die Blätter kann man nach der ersten Blüte das ganze Jahr hindurch sammeln.

Heilwirkung und Verwendung:

Bärentraubenblätter ergeben einen sehr wirkungsvollen Tee, der bei akuten wie chronischen Blasenreizungen und -entzündungen hilft, die Entgiftung des Körpers fördert und auch bei Nierenentzündungen getrunken werden kann. Da gekochter Tee aus Bärentraubenblättern sehr gerbstoffreich ist, sollte man ihn lieber kalt ziehen lassen. Dazu verwendet man pro Tasse kaltes Wasser einen Teelöffel Blätter und läßt die Mischung unter gelegentlichem Umrühren 24 Stunden ziehen. Danach wird der Tee abgeseiht und leicht angewärmt getrunken. Bis zu einer Woche zwei bis maximal drei Tassen täglich davon konsumieren. In der Schwangerschaft und während der Stillzeit sollte man Tees aus dieser Pflanze allerdings meiden.

Bärlauch

(Allium ursinum)

Geschichte:

Bärlauch war die erste Nahrung der aus dem Winterschlaf erwachenden Bären, als diese sich in unseren Breiten noch heimisch fühlten. Daher der Name.

Selbstanbau/Sammeln:

Die an feuchten Waldrändern und in Laubwäldern oft flächendeckend wachsende, völlig anspruchslose Pflanze ist ein enger Verwandter des Knoblauchs. An einem schattigen Platz läßt sich der sogenannte *Wilde Knoblauch* auch im eigenen Garten anbauen. Die Blätter werden zwischen Mai und Juni gesammelt und lassen sich gut einfrieren.

Heilwirkung und Verwendung:

Bärlauch hat auf die Gefäße dieselbe Wirkung wie Knoblauch und wird bei Bluthochdruck, Arteriosklerose und Blähungen empfohlen. Für einen Tee zerkleinert man die Blätter und läßt zwei Eßlöffel davon in einem halben Liter warmem Wasser drei Stunden lang ziehen. Danach abseihen und den Tee über den Tag verteilt trinken.

Basilikum

(Ocimum basilicum)

Geschichte:

Das würzige und intensiv duftende Kraut stammt aus Ostindien. Über Ägypten und Griechenland gelangte es nach Rom. In Mitteleuropa schätzt man die Würz- und Heilkraft des Krauts seit dem 12. Jahrhundert.

Selbstanbau:

Das vor allem in Italien als beinahe universelles Würzmittel eingesetzte einjährige Kraut läßt sich im Topf genauso ziehen wie an einem sonnigen Plätzchen im Garten. Die Aussaat erfolgt im März und April in Kästen und Töpfen auf der Fensterbank oder im Gewächshaus. Da Basilikum ein Lichtkeimer ist, dürfen die Samen nur angedrückt, aber nicht mit Erde bedeckt werden. Die Keimzeit beträgt zehn bis vierzehn Tage. Erst nach den Eisheiligen kommen die Pflanzen ins Freie. Sie brauchen viel Wasser und einen sonnigen sowie windgeschützten Standort. Die Blätter werden zwischen Juni und September abgeschnitten und getrocknet. Dazu hängt man das Basilikum an einem luftigen, aber warmen Ort in ganzen Sträußen auf oder streift die Blätter ab, um sie auf Papier ausgebreitet zu trocknen.

Heilwirkung und Verwendung:

In früheren Zeiten empfahl man Basilikum vor allem bei Magenschmerzen. Heute verwendet man das fein duftende Kraut – zwei Teelöffel in einer Tasse siedendem Wasser zehn Minuten ziehen lassen – bei Beschwerden der oberen Atemwege, Husten und sogar gegen Entzündungen im Darmbereich.

Beifuß

(Artemisia vulgaris)

Geschichte:

Obwohl seine heilsame Wirkung schon seit Jahrhunderten bekannt ist, halten viele den auch *Besen-, Jungfern-* oder *Sonnwendkraut* genannten Beifuß für ein Unkraut.

Selbstanbau:

Auch diese mehrjährige Pflanze läßt sich im Garten oder auf dem Balkon selbst ziehen. Zwischen Juli und September erntet man die oberen Triebspitzen der blühenden Pflanze und trocknet sie anschließend.

Heilwirkung und Verwendung:

Die Volksheilkunde empfiehlt Beifuß bei Völlegefühl, Magendrücken, Frauenleiden, Nervenschäden und Schlaflosigkeit. Am besten wirkt das Kraut bei den zwei erstgenannten Beschwerden. Dazu übergießt man einen Teelöffel getrockneten Beifuß mit einem Viertelliter kochendem Wasser, läßt ihn zehn Minuten ziehen und trinkt den Tee auf drei Portionen verteilt innerhalb eines Tages.

Bibernelle

(Pimpinella saxifraga)

Geschichte:

Die mehrjährige Pflanze ist auch unter dem Namen *Pimpernell* oder *Pimpinelle* bekannt und wird sein langer Zeit als »Schleimhautreiniger« – vor allem von Sängern und Sprechern – geschätzt.

Sammeln:

Die Wurzeln sammelt man im März und April, Oktober und November. Nach dem Waschen schneidet man sie längs auf und läßt sie im Schatten trocknen. Da die aromatisch-kräftig riechenden Wurzeln Feuchtigkeit anziehen, sollten sie in geschlossenen Behältern aufbewahrt werden.

Heilwirkung und Verwendung:

Ihre Wurzeln verwendet man wegen ihrer schleimlösenden Wirkung bei Entzündungen des Rachens, Kehlkopfs, der Luftröhre und der Bronchien. Außerdem soll Bibernell gegen Blähungen, Magenbeschwerden und Durchfall helfen. Für die Anwendung übergießt man einen Teelöffel der Wurzeln mit einer Tasse Wasser, kocht das Ganze auf und läßt es bei niedriger Hitze fünf Minuten leise köcheln. Die empfohlene Dosis liegt bei zwei bis drei Tassen täglich.

Birkenblätter

(Betula pendula)

Geschichte:

Die alten Germanen schrieben der Birke Zauberkräfte zu – vielleicht weil Knospen, Blätter, Rinde und Saft des Baums gleichermaßen therapeutische Wirkungen haben.

Sammeln:

Die Blätter etwa zwei Monate nach dem Ausschlagen sammeln, im Schatten trocknen und etwas zerkleinern.

Heilwirkung und Verwendung:

Knospen, Blätter, Rinde und Saft der Birke sind für eine Frühjahrskur ebenso geeignet wie zur Linderung bei rheumatischen Schmerzen.
Für einen Tee, der als mildes Entwässerungsmittel die Nieren nicht reizt, gleichzeitig stark harntreibende Eigenschaften aufweist und daher oft Bestandteil von Blutreinigungstees ist, benötigt man pro Tasse zwei Teelöffel Birkenblätter, läßt sie eine Viertelstunde ziehen und trinkt dreimal täglich je eine Tasse des Tees lauwarm.

Bohnenkraut

(Satureia hortensis)

Geschichte:

Die Heimat des würzigen Küchenkrauts ist die Gegend um das Schwarze Meer und der östliche Mittelmeerraum. In unsere Breiten gelangte es durch die Benediktinermönche, die die magenfreundliche Wirkung des Krauts erkannten und blähende Bohnengerichte damit würzten.

Selbstanbau:

Das beliebte Küchengewürz ist leicht zu kultivieren und wächst nahezu überall – egal ob auf dem Balkon oder im Garten. Nach den Eisheiligen kann man es im Freien anpflanzen. Es braucht allerdings einen sonnigen, windgeschützten Standort. Die Samen werden nur angedrückt. Die Keimzeit beträgt drei Wochen. Die Blüte- und beste Sammelzeit des Bohnenkrauts ist von Juli bis August. Zum Trocknen bindet man das Kraut zu kleinen Sträußen zusammen und hängt es an einem luftigen, schattigen Ort auf.

Heilwirkung und Verwendung:

In der Volksheilkunde setzt man Bohnenkraut hauptsächlich gegen Magen- und Darmbeschwerden sowie gegen Blähungen und Durchfälle ein. Maurice Mességué, ein berühmter französischer Naturheilarzt, zählt Bohnenkraut übrigens zu den Aphrodisiaka. Zwei bis drei Tassen Tee täglich gelten als anregend und kräftigend. Dazu nimmt man zwei Eßlöffel Bohnenkraut, übergießt es mit einem halben Liter Wasser und läßt es 15 Minuten darin ziehen.

Bohnenschalen

(Phaseolus vulgaris)

Geschichte:

Bohnen aßen die Menschen schon um 5000 vor Christus. Es wurden Bohnen in prähistorischen Gräbern in Peru, in Mesopotamien und als Beigaben in Pharaonengräbern gefunden. Wann die Menschheit allerdings angefangen hat, Tee aus Bohnenschalen aufzubrühen, ist nicht dokumentiert.

Heilwirkung und Verwendung:

Die Schalen der reifen einjährigen Gartenbohne gelten in der Volksheilkunde als wirksames Mittel gegen Harngrieß und – wegen seiner blutzuckersenkenden Substanzen sowie dem wichtigen Chrom – als unterstützendes Mittel im Rahmen einer Diabetestherapie. Gesichert ist auf jeden Fall die harntreibende Wirkung eines Tees aus Bohnenschalen. Dazu kocht man eine Handvoll Schalen mit einem halben Liter Wasser auf die Hälfte ein und trinkt den Sud in zwei Portionen morgens und abends.

Borretsch

(Borago officinalis)

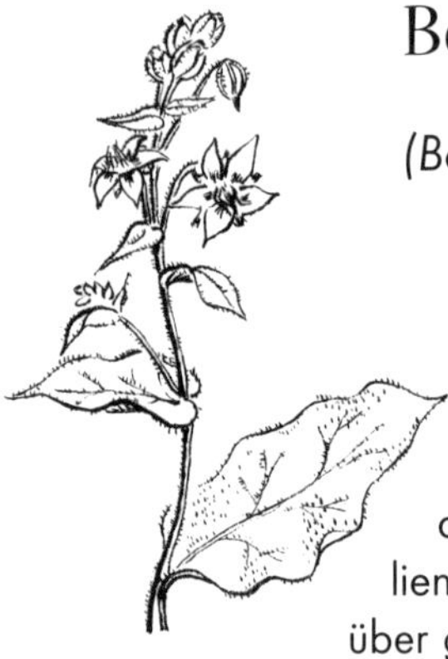

Geschichte:

Wahrscheinlich waren es die Araber, die das einjährige Gewürzkraut nach Italien und Spanien brachten, von wo es sich über ganz Europa ausbreitete.

Selbstanbau:

Dieses Würz- und Heilkraut läßt sich mühelos auf dem Balkon oder im Garten anpflanzen. Borretsch bevorzugt einen sonnigen bis halbschattigen Standort und bedarf keines besonderen Bodens. Er kann schon ab Januar auf der Fensterbank ausgesät werden. Bereits ab März ist die Aussaat im Freien möglich. Wächst Borretsch erst einmal im Garten, sät er sich leicht selbst aus und verschönt die Umgebung mit seinen blauen Blütensternen. Die einjährige Pflanze, früher auch *Liebäuglein, Wohlmutsblume* und *Gurkenkraut* genannt, blüht von Mai bis September. In dieser Zeit sammelt man das Kraut, läßt es in der Sonne vorwelken und im Schatten völlig austrocknen.

Heilwirkung und Verwendung:

Borretsch hat eine entzündungshemmende Wirkung und wird auch bei Erkältungskrankheiten empfohlen. Dazu übergießt man während der Beschwerden täglich zwei Eßlöffel des Krauts mit zwei Tassen kochendem Wasser und läßt es eine Viertelstunde ziehen.

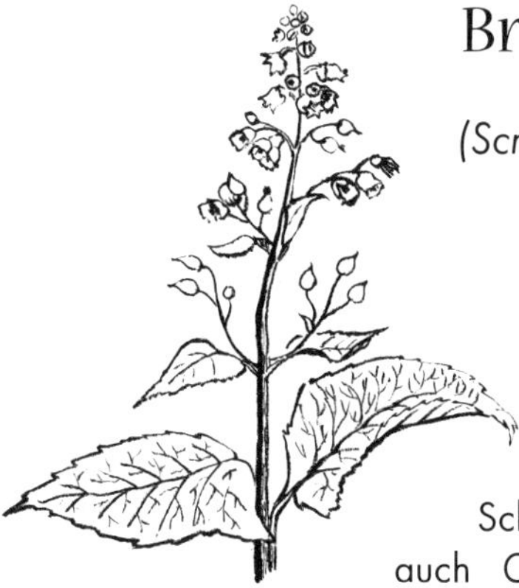

Braunwurz

(Scrophularia nodosa)

Geschichte:

In England heißt die Braunwurz wegen ihrer Eigenschaft, Schnitt- und Schürfwunden zu heilen, auch *Carpenter's Herb* (Zimmermannskraut). Solche in diesem Beruf häufig vorkommenden Verletzungen wurden früher durch Auflegen von Braunwurzblättern behandelt.

Vorkommen:

Die auch *Knotige Braunwurz* oder *Knotenwurz* genannte Pflanze wächst in ganz Europa an feuchten, schattigen Stellen wild.

Heilwirkung und Verwendung:

Das mehrjährige Gewächs mit dem knotigen Wurzelstock wird in der Volksheilkunde zur Heilung geschwollener Drüsen und bei eitrigen Wunden eingesetzt. Auch wird berichtet, daß bei einer vier- bis achtwöchigen Teekur sich sogar Akne bessern soll. Braunwurzkraut sollte man zwischen Mai und September sammeln und an einem luftigen Platz trocknen. Ein Teelöffel des Krauts wird mit einer Tasse kochendem Wasser übergossen. Nach zehnminütigem Ziehen sollte man den Tee dann schluckweise trinken. Am besten zwei Tassen täglich.

Brennesselblätter

(Urtica dioica)

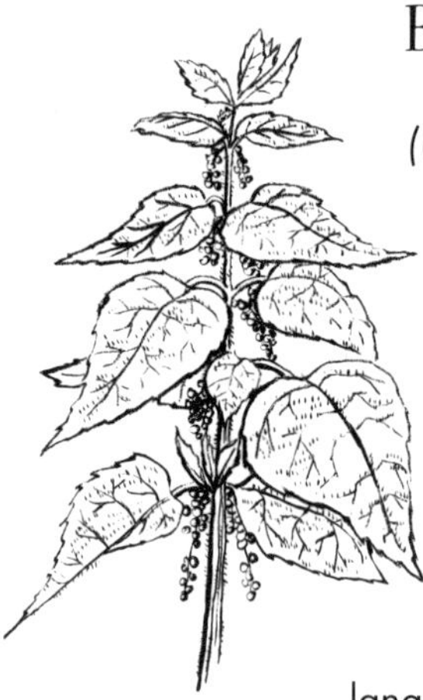

Sammeln:

Die beste Erntezeit für die Blätter der fast überall wachsenden Brennessel liegt zwischen Mai und September. Die mit Handschuhen gesammelten Brennesseln werden langsam getrocknet und etwas zerkleinert.

Heilwirkung und Verwendung:

Gesichert ist die stark entwässernde Wirkung des Brennesseltees, wobei die Volksheilkunde ihn auch zur Blutreinigung und gegen Rheuma empfiehlt. Für den Tee nimmt man dreimal täglich je einen Teelöffel der getrockneten Blätter, übergießt sie mit kochendem Wasser und läßt sie eine Viertelstunde ziehen. Bei eingeschränkter Herz- oder Nierentätigkeit warnen Ärzte jedoch ausdrücklich davor, die Brennessel als Heilmittel zu verwenden.

Brombeerblätter

(Rubus fruticosus)

Geschichte:

Schon seit rund 2000 Jahren wird die Brombeere als Heilpflanze genutzt. Früher empfahl man das Kauen der Blätter unter anderem bei Zahnfleischbluten.

Sammeln:

Die Blätter werden am besten zwischen Anfang April und Mai geerntet und bei 35° Celsius im Backofen getrocknet. Danach die Brombeerblätter zerkleinern und in einem lichtundurchlässigen Behälter aufbewahren.

Heilwirkung und Verwendung:

Tees aus Brombeerblättern wirken schleimlösend und blutreinigend, können bei empfindlichen Personen jedoch zu Verstopfung führen. Empfohlen wird der Tee auch gegen Husten, Schnupfen und Grippe, gegen Darmkatarrh und Durchfall. Für einen mild wirkenden Tee, den man täglich trinken kann, übergießt man zwei Teelöffel der getrockneten Blätter mit einem Viertelliter kochendem Wasser und läßt sie zehn bis fünfzehn Minuten ziehen.

Brunnenkresse

(Nasturtium officinale)

Geschichte:

Die Brunnenkresse ist den Menschen seit der Antike vertraut und wurde seit jeher als Heilmittel gegen die verschiedensten Krankheiten geschätzt.

Sammeln:

Brunnenkresse nur an glasklaren, sauberen Quellen oder Bächen – möglichst mit Kiesgrund – pflücken, die mit Sicherheit unbelastet sind. Für Heilzwecke muß man Brunnenkresse unmittelbar vor der Blütezeit ab Mai ernten und trocknen. Da sie einen scharfen Geruch aufweist, sollte man sie gut verschlossen lagern.

Heilwirkung und Verwendung:

Die auch *Bach-*, *Wasserkresse* und *Wassersenf* genannte Pflanze wird bei Appetitmangel, Verdauungsstörungen und Gallenbeschwerden empfohlen. Die richtige Dosis sind drei Tassen Tee pro Tag. Für eine Tasse braucht man eineinhalb Teelöffel Brunnenkresse, die mit kochendem Wasser übergossen zehn Minuten ziehen soll.

Eibisch

(Althaea officinalis)

Geschichte:

Bereits im Altertum kannte man die heilsame Wirkung des Echten Eibisch und behandelte damit Husten und Heiserkeit, Halsweh, Rachenkatarrh und entzündete Magen- und Darmschleimhäute.

Vorkommen/Sammeln/Selbstanbau:

Die auch *Heilwurz, Hilfswurz oder Samtpappel* genannte Staude wächst an feuchten Stellen, an Küsten und auf salzhaltigen Böden Mitteleuropas. Das schöne Malvengewächs blüht von Juni bis August. In dieser Zeit werden Blätter und die blaßrosa Blüten gesammelt, während man die Wurzeln im Oktober und November ausgraben sollte. Nach dem langsamen Trocknen wird alles grob zerkleinert. Eibischpflanzen gedeihen auch gut im Garten. Das mehrjährige Gewächs sollte im Herbst zurückgeschnitten werden.

Heilwirkung und Verwendung:

Eibisch lindert vor allem Husten- und Asthmabeschwerden. Besonders wirksam gegen Husten ist ein Kaltauszug. Dazu läßt man je zwei Teelöffel von den Wurzeln zehn Stunden lang in je einer Tasse kaltem Wasser ziehen und trinkt mehrmals täglich eine Tasse von diesem Getränk.

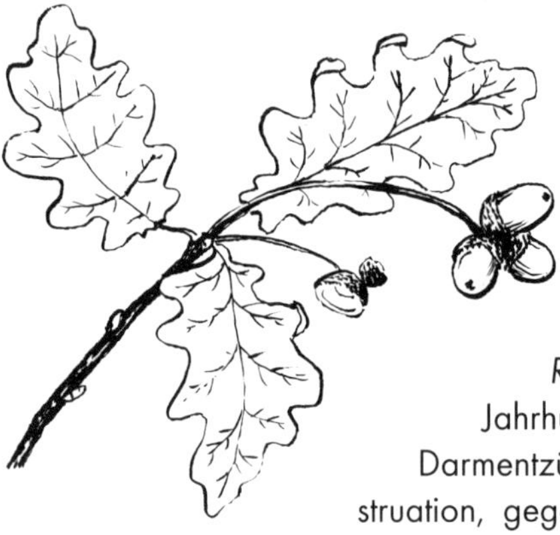

Eichenrinde

(Quercus robur)

Geschichte:

Rindentee wird schon seit Jahrhunderten bei Magen- und Darmentzündung, zu starker Menstruation, gegen Ruhr sowie als blutstillendes, schmerzlinderndes Mittel empfohlen.

Gewinnung:

Im März und April schält man von jungen Bäumen und Ästen etwas Rinde, solange diese noch glatt und glänzend ist und sich leicht löst. Danach wird die Rinde in der Sonne oder in Zugluft getrocknet und zerstoßen.

Heilwirkung und Verwendung:

Bei Magen- und Darmkatarrh, besonders bei starken Durchfällen nimmt man einen Teelöffel der getrockneten Eichenrinde, gießt eine Tasse kaltes Wasser darüber und läßt die Mischung 15 Minuten lang kochen. Bei akuten Beschwerden sollte man täglich zwei Tassen davon trinken.

Eisenkraut

(Verbena officinalis)

Geschichte:

Diese auch *Verbenakraut* oder *Eisenbart* genannte, eher unscheinbare Pflanze wurde in der Volksmedizin schon seit Jahrhunderten hoch geschätzt. Früher brauten sich Verliebte manchmal einen Liebestrank daraus. Heilkundler dagegen verwendeten sie gegen Kopfschmerzen und Schüttelfrost.

Gewinnung:

Eisenkraut blüht rötlich-violett und wächst gern in der Nähe von Dörfern und auf eher trockenen Wiesen. Die Pflanze wird im Juli und August geerntet, getrocknet und zerkleinert.

Heilwirkung und Verwendung:

Heute wird Eisenkrauttee gegen Nervenschwäche, Schlaflosigkeit und zur Anregung des Stoffwechsels getrunken. Für eine Tasse Tee, die als Tagesration reicht, verwendet man zwei Teelöffel der getrockneten Pflanze, übergießt sie mit kochendem Wasser und läßt die Mischung eine Viertelstunde ziehen. Die Dosierung darf auf keinen Fall überschritten werden.

Erdbeerblätter

(Fragaria vesca)

Geschichte:

Schon die Römer schätzten dieses Rosengewächs, und unsere Ahnen bereiteten aus ihren Blättern einen Tee, der gegen Magenverstimmungen und Durchfall hilft.

Sammeln:

Erdbeeren schmecken nicht nur gut, man kann auch die Blätter der beliebten Garten- und Wildpflanze für einen wohlschmeckenden Tee verwenden. Dazu die Blätter in der Sonne trocknen lassen und danach zerkleinern. In dicht schließenden Behältern gegen Licht und Feuchtigkeit geschützt aufbewahren.

Heilwirkung und Verwendung:

Erdbeerblätter enthalten unter anderem Gerbstoff und Vitamin C, gelten als nervenberuhigend, blutvermehrend, harntreibend und können Durchfall stoppen. Dazu übergießt man zwei Teelöffel der Blätter mit einem Viertelliter kochendem Wasser, läßt alles 15 Minuten zugedeckt ziehen und seiht anschließend ab. Dieser Tee reicht für einen Tag. Übrigens kann man den Tee auch zum Gurgeln gegen Entzündungen im Mund- und Rachenraum verwenden.

Estragon

(Artemisia dracunculus)

Geschichte:

Früher verwendete man Estragon als Heilmittel zur Bekämpfung von Skorbut und Pest. Überdies dienten Estragonaufgüsse Generationen von Vorfahren als Mundwasser zur Linderung von Zahnschmerzen.

Selbstanbau:

Gesammelt wird das Kraut, das man problemlos auch im Garten oder auf dem Balkon anpflanzen kann, in den Monaten Juli und August. Danach wird es schonend getrocknet und gut verpackt.

Heilwirkung und Verwendung:

Heute wird das Kraut zwar hauptsächlich als Küchengewürz eingesetzt, doch in der Volksheilkunde hat es nach wie vor seinen Platz: als appetitanregendes Mittel, das außerdem den Stoffwechsel positiv beeinflußt. Für einen Tee einige frische Stengel oder ein Teelöffel getrocknetes Kraut mit einer Tasse Wasser übergießen, ca. 8 Minuten ziehen lassen und abseihen.

Eukalyptusblätter

(Eukalyptus globulus)

Heilwirkung und Verwendung:

Der auch *Fieberbaum* genannte Eukalyptus gilt vor allem in Australien als ein Wundermittel gegen Infektionen der Atemwege. Zäher Schleim wird verflüssigt und die Schleimbildung in den Bronchien gehemmt. Bei Asthma und Bronchitis hat sich folgendes Rezept bewährt: Drei Teelöffel getrocknete und zerkleinerte Eukalyptusblätter mit einer Tasse kochendem Wasser aufgießen, eine Viertelstunde ziehen lassen und die Mischung schluckweise über den Tag verteilt trinken.

Faulbaum

(Rhamnus frangula)

Gewinnung:

Von dem Strauch, der botanisch zu den Kreuzdorngewächsen zählt, nutzt man nur die Rinde von jungen Ästen. Sie läßt sich am ehesten in den Monaten März bis Mai abschälen. Am besten funktioniert das, wenn es kurz zuvor geregnet hat. Die Rinde läßt man in der Sonne trocknen und danach ein gutes Jahr ablagern. Alternativ kann man die Rinde jedoch auch im Backofen bei 100° Celsius etwa 75 Minuten lang erhitzen und anschließend verwenden.

Vorsicht beim Sammeln:

Die Früchte des Baums kann man mit Wildkirschen verwechseln. Allerdings sind diese giftig und lösen überaus heftige Durchfälle aus.

Heilwirkung und Verwendung:

Faulbaumrinde hat sich bei Verstopfung bewährt, außerdem als Bestandteil von sogenannten Abmagerungstees. Man sollte jedoch nicht mehr als acht Teelöffel Rindenstücke pro Tag verwenden, da höhere Dosen giftig sind. Auch sollte man Tees aus Faulbaumrinde nicht länger als drei Wochen zu sich nehmen, da sich der Körper sonst zu sehr daran gewöhnt.

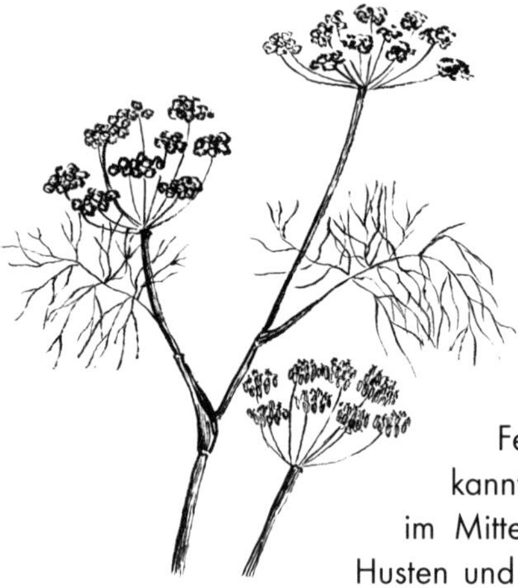

Fenchel

(Foeniculum vulgare)

Geschichte:

Bereits vor Jahrtausenden war die Wirksamkeit des Fenchels gegen Blähungen bekannt. Mönche entdeckten dann im Mittelalter seine Heilkraft gegen Husten und zur Milderung von kolikartigen Schmerzen.

Gewinnung:

Fenchel wächst hauptsächlich in warmen Regionen und braucht viel Platz, wodurch er für den Anbau in kleineren Gärten oder Balkonkästen nicht so gut geeignet ist. Man findet ihn auch wild wachsend in Weinbergen. Die Samen werden zwischen August und September geerntet, zerteilt und getrocknet. Danach sollte man sie gut verschlossen aufbewahren.

Heilwirkung und Verwendung:

Heute wird Fencheltee in erster Linie zur Schleimlösung in den Atemwegen empfohlen. Er wirkt jedoch auch verdauungsfördernd. Für eine Tasse Tee gießt man einen Teelöffel Fenchel mit kochendem Wasser auf und läßt die Mischung eine Viertelstunde lang ziehen. Davon kann man vier bis fünf Tassen pro Tag trinken.

Frauenmantel

(Alchimilla vulgaris)

Geschichte:

Vor vielen Jahrhunderten wurden dem Frauenmantel magische Kräfte zugesagt, mit dessen Hilfe Alchimisten den »Stein der Weisen« finden wollten. Daher sein lateinischer Name.

Vorkommen/Sammeln:

Die gelegentlich als *Taumantel, Alchimistenkraut* oder *Löwenfuß* bezeichnete Pflanze wächst hierzulande vor allem auf feuchten, schattigen Wiesen. Die Blätter des alten Heilkrauts werden zwischen den Monaten Mai und September gesammelt und getrocknet.

Heilwirkung und Anwendung:

Die Pflanze wirkt blutreinigend, harntreibend und hilft gegen Durchfall. Außerdem gilt sie als blutstillend, weshalb sie seit Jahrhunderten insbesondere bei starker Periode und bei Blutungen nach einer Geburt von alternativen Heilkundlern empfohlen wird. Für eine Tasse Tee braucht man drei Teelöffel der Blätter, die mit kochendem Wasser übergossen werden und knapp 15 Minuten ziehen sollen. Zwei bis drei Tassen des etwas bitter schmeckenden Tees sollte man bei Bedarf täglich trinken.

Gänseblümchen

(Bellis perennis)

Sammeln:

Das über ganz Europa und Kleinasien verbreitete Gänseblümchen blüht von Januar bis Dezember – sofern kein Schnee liegt. Die Blütenkörbe werden in der Zeit zwischen April und September gesammelt und getrocknet.

Heilwirkung und Anwendung:

Die gelegentlich auch *Tausendschön, Winterröschen* oder *Marienblümchen* genannte Pflanze hilft bei Erkrankungen der Atemwege und soll das Abhusten erleichtern. Außerdem wird Gänseblümchentee bei Durchfall empfohlen. Zwei bis drei Tassen Tee sollte man in diesen Fällen täglich trinken. Das Rezept: Zwei Teelöffel Gänseblümchen mit einer Tasse kochendem Wasser übergießen und 20 Minuten ziehen lassen.

Gänsefingerkraut

(Potentilla anserina)

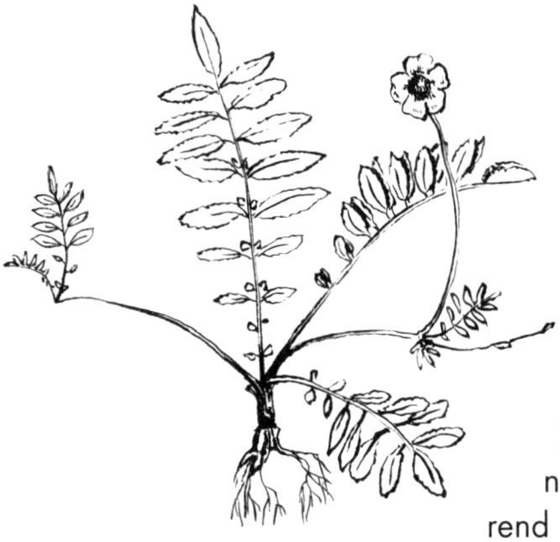

Sammeln:

Die auch *Krampfkraut* genannte Pflanze wird während der Blüte von Mai bis Juli gesammelt. Zum Trocknen hängt man sie am besten im Schatten auf, an einem Ort, der gut von Luft durchzogen ist.

Heilwirkung und Verwendung:

Gänsefingerkraut wird in der Frauenheilkunde bei starken Blutungen verwendet, in der Volksheilkunde verabreicht man es gerne gegen starke Durchfälle und Magen-Darm-Katarrh. Der Tee wird aus zwei Teelöffeln der getrockneten Pflanze, die mit einer Tasse kochendem Wasser übergossen werden, zubereitet. Nach 15 Minuten ist die Mischung fertig, von der man zwei bis drei Tassen täglich trinken kann.

Haferflocken

(Avena sativa)

Geschichte:

Bereits im Mittelalter wurden die Heilkräfte des Hafers entdeckt. Man benutzte ihn damals unter anderem als Badezusatz, um Ischias oder rheumatische Beschwerden zu lindern.

Vorkommen:

Wilder Hafer wächst auf Feldern und blüht im Juli. Seine Fruchtreife erlangt er im August bis September. Kultivierter Hafer hat fast ebenso hervorragende Eigenschaften und ergibt einen sehr guten, den ganzen Organismus stärkenden Kräutertee.

Heilwirkung und Verwendung:

Ein Tee aus zwei Eßlöffeln Haferflocken, möglichst aus ökologischem Anbau, die mit einem Viertelliter kochendem Wasser übergossen werden und knapp eine Viertelstunde ziehen sollen, bevor man sie abseiht, wirkt sowohl appetitanregend als auch gegen Halsschmerzen und wird dazu bei geistiger Abgespanntheit, Nervosität und Schlafstörungen empfohlen.

Hagebutte

(Rosa canina)

Geschichte:

Schon in Urzeiten schätzten die Menschen die Heilkraft der Hagebutte, wenngleich damals noch niemand etwas von Vitaminen ahnte. Und vor Jahrhunderten bereitete man bereits Tee aus den Früchten der wilden Rose.

Sammeln:

Die roten Früchte der Heckenrose sammelt man in den Monaten September und Oktober. Sie trocknen am besten nebeneinander liegend, bevor man sie dann zerkleinert.

Heilwirkung und Verwendung:

Hagebuttentee hat sich aufgrund seines hohen Vitamingehalts vor allem bei Erkältungskrankheiten bewährt. Außerdem erhöht er die Widerstandskraft gegen Infektionskrankheiten und hat eine leicht harntreibende wie abführende Wirkung. Zwei Teelöffel der getrockneten Früchte übergießt man mit einer Tasse kochendem Wasser und läßt sie acht Minuten ziehen. Man kann auch zur Vorbeugung jederzeit einige Tassen pro Tag trinken.

Hauhechelwurzel

(Ononis spinosa)

Geschichte:

Schon die alten Griechen erkannten in der Hauhecheylwurzel ein wirksames Heilmittel, um den Harnfluß zu steigern. Erst Jahrhunderte später lernten die Menschen des Mittelalters die Heilkraft der Wurzel schätzen, die Alchimisten im Mondenschein ausgruben.

Sammeln:

Diese in Mitteleuropa beheimatete, mehrjährige Pflanze wächst meist auf trockenen, steinigen Abhängen und Wiesen. Ihre Wurzeln sammelt man im Frühjahr und im Herbst und läßt sie langsam trocknen. Anschließend grob zerkleinern und geschlossen aufbewahren.

Heilwirkung und Verwendung:

Seit Jahrhunderten verwendet man den Tee aus der Wurzel der Hauhechel zur Förderung des Harnflusses und somit auch gegen Grieß- und Steinbildung. Dazu läßt man zwei Teelöffel der Wurzelstücke sechs bis acht Stunden in einer Tasse kaltem Wasser ziehen, kocht die Mischung kurz auf und seiht sie dann ab. Die beste Wirkung erzielt der Tee, wenn man drei Tage lang je zwei Tassen davon morgens auf nüchternen Magen trinkt.

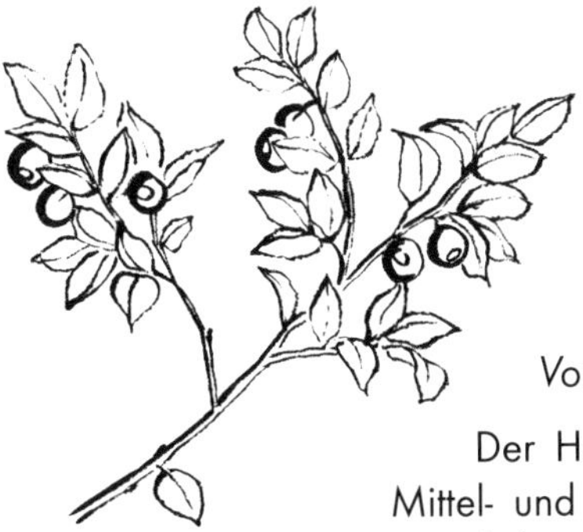

Heidelbeeren

(Vaccinium myrtillus)

Vorkommen/Sammeln:

Der Heidelbeerstrauch wächst in ganz Mittel- und Nordeuropa, in Nordasien und -amerika in lichten Wäldern und auf Heiden. Seine Früchte sammelt man zwischen Juli und September und läßt sie dann in dünnen Schichten trocknen.

Heilwirkung und Verwendung:

Die getrockneten Beeren werden bei verschiedenen Arten von Durchfall verwendet. Der blaue Farbstoff namens *Myrthillin* schützt die Darmschleimhaut und hemmt Bakterienwachstum. Besonders bei Erwachsenen mit einem empfindlichen Darm und bei Kindern werden getrocknete Heidelbeeren empfohlen. Pro Tasse Tee verwendet man einen Eßlöffel getrockneter Früchte, quetscht sie leicht, gibt sie in siedendes Wasser und läßt sie zehn Minuten lang kochen. Im Bedarfsfall kann man täglich mehrere Tassen trinken. Getrocknete Heidelbeerblätter dagegen, die eine blutzuckersenkende Wirkung haben, sollte man immer nur nach vorheriger ärztlicher Konsultation nehmen.

Hibiskusblüten

(Hibisci sabdariffae)

Dieser durstlöschende Tee ist auch als *Afrikanische Malve, Sudantee oder Karkadé* bekannt.

Geschichte:

Früher galt Hibiskus oder *Sudan-Malventee* als nervenstärkend und magenwirksam, ja sogar als Aphrodisiakum. Man gebrauchte ihn als ein Mittel, um den »Atem zu versüßen«, und gelegentlich wurde er zur Insektenvernichtung eingesetzt.

Verwendung:

Heute verwendet man Hibiskusblütentee einfach als erfrischendes, leicht säuerlich schmeckendes dunkelrotes Getränk, auch als Beimischung zu Hagebutten oder anderen Früchten. Die roten Blüten sind beispielsweise auch in den Aufgußbeuteln mit der Bezeichnung »*Malventee*« enthalten. Nicht zu verwechseln mit der bläulich blühenden deutschen oder Wilden Malve (*Malva silvestris*, siehe dort).

Himbeerblätter

(Rubus idaeus)

Geschichte:

Seit Urzeiten ist die Himbeere ein Kulturbegleiter des Menschen, und im Mittelalter erkannte man ihre Heilkraft, die vor allem in den Blättern steckt.

Sammeln:

Der Himbeerstrauch wächst in Wäldern, an Waldrändern und im Unterholz nördlicher Breiten. Seine Blätter erntet man zwischen Juni und August und läßt sie in der Sonne trocknen.

Heilwirkung und Verwendung:

Grob zerkleinert nimmt man pro Tasse kochendem Wasser zwei Eßlöffel der Blätter und läßt sie zehn Minuten lang ziehen. Himbeerblätter haben eine zusammenziehende Wirkung und erzielen gerade auch bei Kindern, die an Durchfall leiden, eine positive Wirkung. Die Volksheilkunde empfiehlt diesen Tee außerdem bei Magenbeschwerden und als Muskeltonikum für Frauen gegen Ende der Schwangerschaft. Da der Tee völlig unschädlich ist, kann er tagsüber des öfteren schluckweise getrunken werden.

Hirtentäschel

(Capsella bursa-pastoris)

Geschichte:

Das Hirtentäschel wurde lange Zeit nur als Unkraut angesehen, bis man es während des Ersten Weltkrieges in Ermangelung von Medikamenten auf seine medizinische Nutzung hin untersuchte. Dabei bestätigte sich seine adstringierende, blutstillende Wirkung.

Vorkommen/Sammeln:

Hirtentäschel findet man von April bis Oktober auf Äckern, Schutthalden, an Wegrändern – und natürlich auf Wiesen. Der blühende Sproß dieses Krauts wird in den Monaten Mai bis Juli gesammelt, in dünnen Lagen getrocknet und in einer verschließbaren Dose aufbewahrt.

Heilwirkung und Verwendung:

In der Volksheilkunde wird die Pflanze benutzt, um blutstillende und zusammenziehende Wirkungen zu erreichen, weshalb sie in der alternativen Frauenheilkunde einen guten Ruf genießt. Außerdem wirkt Hirtentäschel auch harntreibend. Bei Teerezepten mit diesem Kraut sollte man auf keinen Fall die angegebenen Mengen überschreiten, da die Pflanze in höheren Dosierungen giftig wirken kann. Drei Teelöffel Hirtentäschelkraut mit einer Tasse kochendem Wasser übergießen, zehn Minuten ziehen lassen und abseihen. Über den Tag verteilt schluckweise trinken.

Holunderblüten

(Sambucus nigra)

Geschichte:

Holunder ist eine alte Volksheilpflanze und wurde schon vor Urzeiten wegen seiner Heilkraft geschätzt. Die Kelten betrachteten ihn sogar als »heiligen Baum«.

Vorkommen/Sammeln:

Der Holunder wächst in fast ganz Europa sowie in Kleinasien an Weg- und Waldrändern, in Gebüschen und Hecken. Gesammelt werden Blüten und Beeren, die man jedoch nicht roh essen darf.

Heilwirkung und Verwendung:

Die Blüten steigern die Ausscheidung von Schweiß und Harn, außerdem regen sie den Kreislauf und das Immunsystem an und gelten als erkältungsvorbeugend. Die Blütendolden werden im Juni gesammelt und getrocknet. Erst danach löst man die Blüten von den Stengeln und lagert sie in geschlossenen Behältern. Zur Vorbeugung von Erkältungskrankheiten oder bei rheumatischen Beschwerden sollte man drei Wochen lang täglich drei Tassen Holunderblütentee trinken. Als Schwitzkur werden zweimal täglich zwei Tassen Tee empfohlen, den man so heiß wie möglich trinken sollte. Für eine Tasse nimmt man zwei Teelöffel Holunderblüten, übergießt sie mit kochendem Wasser und läßt sie zehn Minuten lang ziehen.

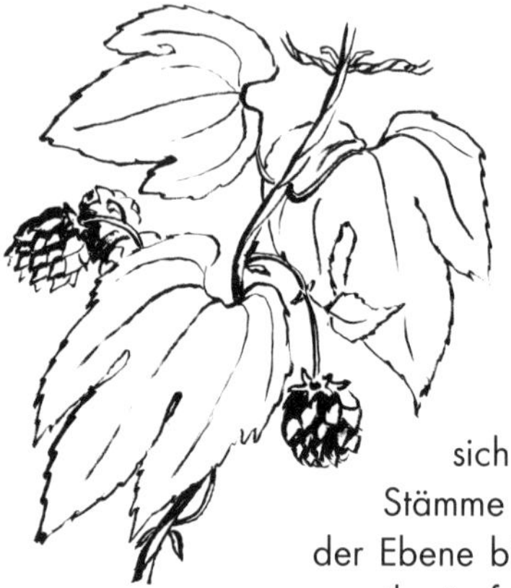

Hopfen

(Humulus lupulus)

Vorkommen/Sammeln:

Wildwachsender Hopfen windet sich mit seinen rankenden Stielen um Stämme und junge Schößlinge. Er ist von der Ebene bis in die unteren Alpen verbreitet, wo man ihn in feuchten Gebüschen, an Waldrändern und Flußufern findet. Die Zapfen erntet man im August und September, läßt diese trocknen und gewinnt danach durch Sieben die Hopfendrüsen. Diese bewahrt man am besten in dunklen, geschlossenen Behältern auf.

Heilwirkung und Verwendung:

Die beruhigende Wirkung des Hopfens rührt von dem in den gelben Drüsen der Fruchtzapfen vorhandenen bitteren Harz her. Für eine Tasse Tee braucht man zwei Teelöffel der Drüsen, die mit kochendem Wasser übergossen und nach zehn Minuten abgeseiht werden. Früher verordnete man diesen Tee unter anderem bei Leber- und Gallenleiden. Heute empfiehlt man ihn als Mittel gegen Schlafstörungen, nervöse Unruhe, Appetitlosigkeit und nervös bedingte Magenbeschwerden. Die beste Wirkung erzielt der Tee, wenn man eine Tasse vor dem Schlafengehen trinkt.

Isländisches Moos

(Cetraria islandica)

Geschichte:

Bereits seit dem 17. Jahrhundert nutzt man die heilsame Wirkung des Isländischen Mooses, das botanisch jedoch zur Kategorie Flechte gehört und deshalb auch als *Isländische Flechte* bezeichnet wird.

Vorkommen/Sammeln:

Das Isländische Moos wächst im norddeutschen Tiefland, im deutschen Mittelgebirge, den Alpen und ihrem Vorland. Die Heilpflanze wird bevorzugt im Zeitraum zwischen April und September gesammelt, worauf man sie gut säubert und in der Sonne trocknen läßt.

Heilwirkung und Verwendung:

Die auch *Husten-* oder *Fiebermoos* genannte Flechte wird bei Reizhusten, Bronchial- und Lungenleiden verwendet. Dazu sagt man ihr positive Wirkungen gegen Appetitlosigkeit, Gastritis und Schwächezustände nach. Auf jeden Fall ist sie bei der Bekämpfung von Beschwerden der oberen Atemwege hilfreich. Für einen Tee einen Eßlöffel des Krauts mit gut einem Viertelliter Wasser aufgießen und acht bis zehn Minuten ziehen lassen. Täglich zwei Tassen davon trinken.

Johanniskraut

(Hypericum perforatum)

Geschichte:

Schon die Ärzte der Antike entdeckten die beruhigende Wirkung von Johanniskraut-Aufgüssen, und Paracelsus verordnete es im 16. Jahrhundert gegen böse Träume und Angstzustände.

Vorkommen/Sammeln:

Das auch als *Hartheu* oder *Johanniswurz* bezeichnete Kraut wächst mit Vorliebe an trockenen Hängen und in lichten Wäldern in ganz Europa. Es kann aber auch im Garten angepflanzt werden und blüht um den Johannitag, am 24. Juni, gelb bis orange auf – daher sein Name. Gesammelt wird es während der Blühperiode im Juli und August, dann locker zusammengebunden und im Schatten bei Zugluft getrocknet.

Heilwirkung und Verwendung:

Wissenschaftlich ist das Johanniskraut als Beruhigungsmittel anerkannt, außerdem wird es gegen leichte Depressionen, Schlafstörungen und Streßreaktionen empfohlen. Eine stimmungsaufhellende Wirkung tritt nach rund drei bis vier Wochen ein. Daher sollte man von diesem Tee zwei bis drei Monate lang täglich je eine Tasse morgens und abends trinken. Eineinhalb Teelöffel Johanniskraut mit einer Tasse kochendem Wasser übergießen und die Mischung fünf Minuten ziehen lassen. Unangenehme Nebenwirkungen sind nicht zu befürchten, allerdings kann der in den Blüten enthaltene Farbstoff namens *Hypericin* zu erhöhter Lichtempfindlichkeit führen, weshalb man während der Anwendungszeit auf ausgedehnte Sonnenbäder oder Solarien verzichten sollte.

Kamillenblüten

(Matricaria chamomilla)

Geschichte:

Die Kamille wurde wegen ihrer Heilkraft schon von den alten Ägyptern, Römern, Griechen und Germanen geschätzt. Die auch *Mutterkraut, Feldkamille* oder *Apfelblümlein* genannte Heilpflanze ist bewährt und umfassend einsetzbar.

Vorkommen/Sammeln/Selbstanbau:

Die Kamille wächst in fast ganz Europa, in West- und Mittelasien. In der Blütezeit zwischen Mai und Juni kann man bis zu viermal die wertvollen Blüten sammeln, die dann an gut belüfteten Stellen im Schatten getrocknet werden. Die Kamille läßt sich problemlos auch auf dem Balkon oder im Garten anpflanzen. Es empfiehlt sich, sie aus gekauften Samen zu ziehen, die im Herbst gesät werden. Im darauffolgenden Jahr blühen die Pflanzen dann bereits.

Heilwirkung und Verwendung:

Ihre entzündungshemmenden Eigenschaften helfen bei akuten und chronischen Schleimhautentzündungen im Magen- und Darmbereich. Außerdem wirken Kamillenblüten blähungs- und krampfmindernd. Den Tee am besten so zubereiten: 2 Teelöffel getrocknete Blüten mit einer Tasse nicht mehr kochendem Wasser übergießen, die Mischung zehn Minuten ziehen lassen und den Tee auf nüchternen Magen trinken.

Katzenminze

(Nepeta cataria)

Geschichte:

Früher glaubte man, der intensive Geruch der Katzenminze könne Schlangen vertreiben, weshalb man das Gewächs vor allem in ländlichen Gegenden gezielt züchtete. Das hat sich wohl nicht besonders bewährt. Aber die auch *Englische Melisse* oder *Katzenkraut* genannte Pflanze erfreut sich seit Jahrhunderten eines guten Rufs als Medizin mit magenberuhigender Wirkung.

Selbstanbau:

Katzenminze läßt sich im Garten durch Wurzelteilung kultivieren oder aus Samen gewinnen.
Auf Katzen, die sich gerne darin wälzen, soll sie eine besondere Anziehungskraft ausüben. Daher der Name.

Heilwirkung und Verwendung:

Überwiegend wird sie bei Migräne, nervösen Störungen sowie bei Verdauungsbeschwerden eingesetzt. Die Pflanze wird zwischen Juni und August gesammelt. Die verholzten Teile werden entfernt, den Rest trocknet man dann an einem gut belüfteten Ort und zerkleinert ihn danach. Den Tee aus fünf Eßlöffel Katzenminze und einem halben Liter kochendem Wasser zubereiten. Die Mischung, eine Tagesration, 20 Minuten lang ziehen lassen.

Kerbel

(Anthriscus cerefolium)

Geschichte:

Schon im Altertum war Kerbel als blutreinigendes Mittel bekannt, und unsere Urahnen preßten seinen Saft aus, um ihn als Stärkungsmittel zu genießen. Im Mittelalter wurde Kerbel vor allem als Fastenkraut verwendet.

Selbstanbau:

Das gelegentlich *Suppenkraut* oder *Gartenkerbel* genannte Gewürz läßt sich auf dem Balkon wie im Garten problemlos anpflanzen. Als einjährige Pflanze kauft man Kerbel jedes Frühjahr neu. Man kann man ihn im Prinzip das ganze Jahr über ernten, anschließend trocknen und gut verpacken.

Heilwirkung und Verwendung:

Der stark duftende Kerbel läßt sich nicht nur als Gewürz in der Küche einsetzen, er ist auch ein altbewährtes Heilkraut, das blutreinigende und harntreibende Wirkungen hat. Für Kerbeltee zwei Teelöffel getrocknete Kerbelblätter mit einer Tasse siedendem Wasser übergießen, acht bis zehn Minuten ziehen lassen und abseihen. Zwei bis drei Tassen täglich davon trinken.

Kirsche

(Prunus cerasus)

Allgemeines:

Kirscharomen sind wegen ihres Geschmacks in handelsüblichen Früchteteemischungen relativ häufig anzutreffen, im Gegensatz zu getrockneten Fruchtstückchen. Kein Wunder, denn Aromen sind meist billiger. Dabei läßt sich vor allem aus Sauerkirschen ein köstlicher Tee, mit oder ohne andere Früchte, zubereiten.

Heilwirkung und Verwendung:

Dafür braucht man die Früchte nur zu entkernen, zu vierteln und in der Sonne trocknen zu lassen. Ein Tee aus einem Teelöffel Kirschen und einer Tasse kochendem Wasser ist, nach zehnminütigem Ziehenlassen, kalt oder warm ein idealer Durstlöscher.
In der Volksheilkunde werden dagegen vor allem die Fruchtstengel verwendet, da sie eine schleimlösende und harntreibende Wirkung haben.

Knoblauch

(Allium sativum)

Geschichte:

Knoblauch stammt aus Zentralasien und ist eine der wichtigsten, stark antiseptisch wirkenden Gewürz-Heilpflanzen.

Heilwirkung und Verwendung:

Wilder und kultivierter Knoblauch aus dem eigenen Garten wird als stark antibiotische Pflanze ebenso bei bakteriell bedingten Magen-Darm-Störungen wie bei Bronchialkatarrhen oder als mild wirkendes Heilmittel bei Herz-Kreislauf-Erkrankungen eingesetzt. Ein Tee aus 15 Gramm gepreßtem Knoblauch, der zehn Minuten lang in einem halben Liter Wasser kocht, fördert nach Ansicht der Volksheilkundler das allgemeine Wohlbefinden. Er wird warm über den Tag verteilt getrunken.

Kümmel

(Carum carvi)

Geschichte:

Kümmel ist nicht nur ein beliebtes Gewürz – er gilt als eine der ältesten Heilpflanzen überhaupt, wie eine ägyptische Schriftrolle belegt, die vor über 3500 Jahren angefertigt wurde.

Selbstanbau:

Die Kümmelpflanze kann man im Garten an sonnigen, geschützten Stellen anbauen. In höheren Lagen Mitteleuropas wächst Kümmel auf Wiesen und Weiden wild.

Heilwirkung und Verwendung:

Ärzte empfehlen Kümmeltee bei nervösen Herz- und Magenbeschwerden und bei Darmproblemen. In der Volksheilkunde verwendet man das Gewächs außerdem zum Anregen der Verdauungsorgane und zur Unterdrückung von Krämpfen. Einen Tee aus je zwei Teelöffel Kümmel, mit einer Tasse kochendem Wasser übergossen, läßt man zehn Minuten ziehen. Bei Bedarf dreimal täglich trinken.

Lavendelblüten

(Lavandula officinalis)

Vorkommen:

In erster Linie ist Lavendel eine Heil- und Duftpflanze, die in Südfrankreich auf riesigen Feldern angebaut wird, um das bekannte Lavendelöl zu gewinnen. Der ursprünglich nur im Mittelmeerraum anzutreffende Lavendel wächst seit langem auch in unseren Breiten und läßt sich problemlos im Garten oder auf dem Balkon ziehen, wenngleich die Pflanze ziemlich frostempfindlich ist.

Selbstanbau:

Mit seinen zart violetten, duftenden Blüten ziert Lavendel jeden Balkon – mit dem nützlichen Nebeneffekt, Schädlinge von anderen Pflanzen fernzuhalten. Ab Februar und März kann man ihn auf der Fensterbank auch selbst aussäen. Die Keimzeit beträgt vier bis fünf Wochen. Danach müssen die jungen Pflanzen noch einmal umgesetzt werden, ehe sie Ende Mai auf den Balkon oder in den Garten kommen. Die Pflanze liebt einen sonnigen, etwas windgeschützten Platz. Die beste Erntezeit für die Blüten ist Juli und August. Dann werden die Blüten gesammelt und im Schatten an einem gut durchlüfteten Platz getrocknet.

Heilwirkung und Verwendung:

Tee aus Lavendelblüten wirkt mild beruhigend, nervenstärkend und verdauungsfördernd. Eine Tasse täglich davon trinken. Dafür eineinhalb Teelöffel Blüten mit kochendem Wasser übergießen und zehn Minuten ziehen lassen. Wissenschaftlich gesichert ist die Wirkung des Lavendels, oft ein Bestandteil von Teemischungen, die unter anderem bei Einschlafstörungen und Zuständen innerer Unruhe helfen.

Liebstöckel

(Levisticum officinale)

Geschichte:

In der berühmten Liste Karls des Großen, *Capitulare de villis*, in der alle Pflanzen aufgeführt sind, die in seinen Gärten angebaut werden mußten, ist auch das leicht zu kultivierende Liebstöckel aufgeführt. Es stammt vermutlich aus Südeuropa.

Selbstanbau:

Wegen ihres kräftigen Geruchs wird die mehrjährige Pflanze oft als *Maggikraut* bezeichnet. Wer selbst säen will, kann schon im Februar auf der Fensterbank damit anfangen. Bevor sie im Frühsommer auf den Balkon oder in den Garten kommen, müssen die Sämlinge einmal pikiert werden. Geerntet wird vor der Blütezeit im Juli und August. Nach dem Sammeln wird das Kraut schnell und schonend getrocknet. Ab Oktober kann man auch die Wurzeln ausgraben und ebenfalls trocknen.

Heilwirkung und Verwendung:

Die Volksmedizin empfiehlt Tee aus Liebstöckel als appetitanregendes, wassertreibendes Mittel, gegen Rheumatismus, Blähungen und Erkrankungen der Harnwege. Eine Tasse des Tees sollte in diesen Fällen tagsüber getrunken werden. Das Rezept: Eineinhalb Teelöffel Liebstöckel mit einer Tasse kochendem Wasser übergießen, zehn Minuten ziehen lassen und abseihen. Es kann allerdings vorkommen, daß allergisch reagierende Personen sich nach dem Genuß des Tees unwohl oder schwindlig fühlen. In solchen Fällen sollte man natürlich auf eine weitere Anwendung verzichten.

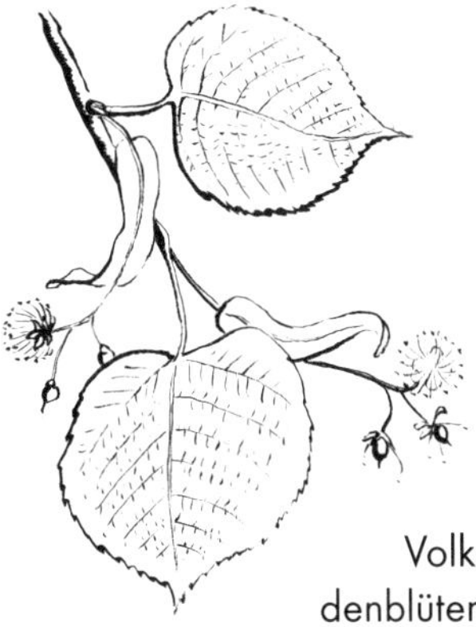

Lindenblüten

(Tilia cordata, Tilia platyphyllos)

Geschichte:

Von den Germanen einst als heiliger Baum angesehen, entdeckten Volksheilkundler später, wie wirksam Lindenblüten beispielsweise zur Vorbeugung gegen Erkältungskrankheiten sind. Auch Hildegard von Bingen empfahl Tee aus den duftenden Blüten.

Sammeln:

Wenn der Baum im Juni und Juli in voller Pracht erblüht, sollte man die Blüten sammeln und an einer schattigen und luftigen Stelle so lange trocknen, bis sie sich gelbgrün verfärben.

Heilwirkung und Verwendung:

Lindenblütentee wirkt schweißtreibend, außerdem leicht krampflösend, appetitanregend und nervenberuhigend. Man übergießt eineinhalb Teelöffel Lindenblüten mit einer Tasse kochendem Wasser und läßt sie eine Viertelstunde ziehen. In akutem Stadium kann man mehrmals täglich eine Tasse so heiß wie möglich trinken. In Teemischungen wirken Lindenblüten auch gegen rheumatische Beschwerden.

Warnung!

Da manche Wissenschaftler vermuten, daß der ständige Genuß von Lindenblütentee das Herz angreifen könnte, sollte man von einem monatelangen oder dauerhaften Gebrauch vorsichtshalber Abstand nehmen.

Löwenzahnkraut und -wurzel

(Taraxacum officinale)

Geschichte:

Der Löwenzahn kann als Allheilmittel bis ins 13. Jahrhundert zurückverfolgt werden. Man nahm in gegen Leber- und Gallenbeschwerden sowie gegen Wassersucht. Heute weiß man, daß Löwenzahn den gesamten Stoffwechsel stimuliert und entwässernd wirkt.

Sammeln:

Das Kraut sammelt man im März und April, die Wurzeln im März, September und Oktober. Nach dem Trocknen werden sie grob zerkleinert.

Heilwirkung und Verwendung:

Löwenzahn wird von den meisten noch immer als lästiges Unkraut angesehen, obwohl man nicht nur leckeren Wildsalat daraus machen kann. Denn einen guten Ruf hat sich die Pflanze unter Heilkundigen längst erworben: Sie wirkt gegen chronische Erkrankungen der Atemwege, bei Magengeschwüren, Durchfällen, Blähungen, rheumatischen Beschwerden, Gicht und verbessert auch die Leber- und Nierenfunktion.
Für einen längeren Anwendungszeitraum sollte man einen Teelöffel der Mischung (aus Kraut und Wurzeln) mit einer Tasse kaltem Wasser übergießen, erhitzen und eine Minute lang kochen. Davon kann man zwei Tassen täglich trinken. *Bei akuten Erkrankungen* zwei Eßlöffel mit einem Liter kochendem Wasser übergießen, zehn Minuten ziehen lassen, abseihen und den Tee morgens auf nüchternen Magen trinken. Wer magenempfindlich ist, sollte allerdings auf Löwenzahntee verzichten.

Lungenkraut

(Pulmonaria officinalis)

Geschichte:

Lungenkraut wurde schon im Mittelalter gegen Lungenleiden eingesetzt. Verfechter der Signaturenlehre – die Form seiner Blätter ähnelt Lungenflügeln – hatten ihm Heilkräfte gegen Lungenerkrankungen zuerkannt. Sie lagen damit goldrichtig.

Sammeln:

Lungenkraut wächst in Laubmischwäldern, an Waldrändern und in Gebüschen. Die Blätter sollte man im April und Mai sammeln, wenn die Pflanze blüht, das Kraut selbst erst im Mai und Juni. Beides wird schonend getrocknet und grob zerkleinert.

Heilwirkung und Verwendung:

Wie der Name schon andeutet, wird die Pflanze zur Heilung von Lungenleiden verwendet, und das seit Hunderten von Jahren. Außerdem wird Lungenkraut gegen Husten, Verschleimung und Bronchialerkrankungen eingesetzt und ist oft Bestandteil von Hustensäften. Zwei Teelöffel Lungenkraut werden mit einer Tasse kochendem Wasser übergossen, und nach zehnminütigem Ziehen kann die Mischung heiß getrunken werden. Drei Tassen täglich wirken entzündungshemmend, harntreibend und bringen den Kranken kräftig zum Schwitzen.

Mädesüß

(*Filipendula ulmaria*)

Geschichte:

Die von Juni bis August blühende *Spierstaude* wird schon seit dem Altertum als Heilmittel gegen Grippe, Fieber und rheumatische Beschwerden geschätzt.

Vorkommen/Sammeln:

Mädesüß wächst in Europa, jedoch nicht im Mittelmeerraum, auf feuchten Wiesen, an Ufern und auf Bahndämmen. Die Blätter der Pflanze erntet man im Mai und im Juni, die Blüten zwischen Juni und August, die Wurzelstöcke im April, Oktober und November. Nach dem Trocknen an einem schattigen Platz wird alles grob zerkleinert.

Heilwirkung und Verwendung:

Mädesüß wird bei Blasen- und Nierenerkrankungen empfohlen. Vor allem die Blätter und Blüten gelten als besonders schweißtreibend. Für einen Tee wird ein Teelöffel Mädesüß mit einer Tasse siedendem Wasser übergossen. Nach zehnminütigem Ziehen abseihen und bis zu drei Tassen täglich trinken.

Malvenblätter und -blüten

(Malva silvestris)

Geschichte:

Im Mittelalter galt die *Wilde Malve* als Wundermittel gegen eine stattliche Anzahl von Erkrankungen. Den Pythagoreern war sie angeblich sogar heilig. Und Dioskorides behauptete, ein Absud aus Malvenblüten sei ein Gegenmittel gegen alle tödlichen Gifte ... Heute weiß man, daß die im Gegensatz zur afrikanischen Malve bläulich blühende Pflanze vor allem gegen Halsweh, Husten, Heiserkeit und Magen-Darm-Katarrh wirkt.

Vorkommen/Sammeln:

Die *Wilde Malve* wächst an Zäunen, Wegrändern, auf Schutt oder unbebautem Gelände. Die Blätter der auch *Roßpappel* oder *Deutsche Malve* genannten Pflanze werden zwischen Juni und September gesammelt, die Blüten ohne Stiel von Mai bis August. Beides wird im Schatten getrocknet und grob zerkleinert.

Heilwirkung und Verwendung:

Die schleimhaltige Pflanze hilft gegen Katarrhe der Luftwege und des Magen-Darm-Trakts. Sie ist auch bei Husten, Heiserkeit und Halsweh angezeigt. Bei Beschwerden sollte man dreimal täglich eine Tasse Tee trinken. Das Rezept: Pro Tasse kochendem Wasser gibt man zwei Teelöffel der Malvenmischung hinzu, läßt alles zehn Minuten zugedeckt ziehen und seiht dann ab.

Melisse

(Melissa officinalis)

Geschichte:

Die Heimat der Melisse, auch *Zitronenmelisse* genannt, ist der Vordere Orient, doch man weiß auch in Europa schon seit über tausend Jahren um die gesundheitliche Wirkung der Pflanze, die auch als *Herztrost* und *Frauenkraut* bekannt ist. Bereits der berühmte griechische Arzt Hippokrates (5. bis 4. Jahrhundert v. Chr.) lobte die Melisse in den höchsten Tönen, und auch Paracelsus behandelte im 16. Jahrhundert seine Patienten mit ihr. Karmelitermönche erfanden im frühen 17. Jahrhundert den *Melissengeist*, der noch heute weithin bekannt für seine wohltuende Wirkung ist.

Selbstanbau:

Die *Zitronenmelisse* läßt sich prima im Garten und auf dem Balkon ziehen. Die Samen brauchen zum Keimen viel Wärme, deshalb müssen sie schon im März im Zimmer ausgesät werden. Ab Ende Mai kommt die mehrjährige Pflanze ins Freie. Sie freut sich über regelmäßige Düngung und Wasser. Während der Blütezeit im Juli und August werden die Blätter für den Tee gezupft und an einem schattigen Platz getrocknet.

Heilwirkung und Verwendung:

Melisse kann bei jeder Form nervöser Störungen verwendet werden und wirkt außerdem blähungshemmend und krampflösend. Pro Tasse kochendem Wasser gibt man zwei Teelöffel Melissenblätter hinzu und läßt alles eine Viertelstunde ziehen. Morgens und abends jeweils eine Tasse trinken.

Odermennig

(Agrimonia eupatoria)

Geschichte:

Die Heilkraft des Krauts, auch unter den Bezeichnungen *Ackermännchen* oder *Hagemundiskraut* geläufig, wurde bereits in der Antike geschätzt. Im Mittelalter empfahl man es als Universalmittel, besonders aber bei Magen- und Darmbeschwerden.

Vorkommen/Sammeln:

Die Blätter der auf Wiesen und Wegrändern wachsenden Pflanze werden von Mai bis Juli, das Kraut von Mai bis August gesammelt. Beides wird zerkleinert und an einem schattigen, gut durchlüfteten Ort zum Trocknen aufbewahrt.

Heilwirkung und Verwendung:

Odermennig regt die Verdauung an und wird außerdem bei chronischen Gallenblasenerkrankungen benutzt. Zwei- bis dreimal täglich sollte man in diesen Fällen eine Tasse trinken. Dafür übergießt man einen Teelöffel des Krauts mit einer Tasse kochendem Wasser und läßt es fünf Minuten ziehen.

Orangenschalen

(Citrus vulgaris)

Wichtig!

Bei einem Tee aus Orangenschalen muß unbedingt darauf geachtet werden, daß die Orangen aus zertifiziertem ökologischen Anbau stammen. Die Schalen müssen sehr dünn, ohne den weißen Teil, von der Frucht abgelöst werden. Dann sollte man sie wegen ihrer ätherischen Öle möglichst frisch verbrauchen.

Heilwirkung und Verwendung:

Orangenschalentee kräftigt den Magen, hilft gegen Blähungen und bei Magenkrämpfen, ist schleimlösend und regt auch den Appetit etwas an. In einen Liter heißes Wasser gibt man die grob zerteilte oder in Spiralen geschnittene Schale einer ganzen Frucht und läßt alles fünf Minuten kochen. Auf fünf Portionen verteilt, kann man einen Liter Tee den ganzen Tag über trinken.

Oregano

(Origanum vulgare)

Geschichte:

Oregano ist der wilde Vetter des zahmen Majorans und auch unter den Namen *Dost* oder *Wilder Majoran* bekannt. Bereits in der Antike schätzte man die Pflanze neben ihrer Würzkraft auch aus anderen Gründen: Mit Oregano wurden Brautpaare bekränzt und Gräber bepflanzt: Das sollte Glück im Diesseits und Jenseits bringen. Im Mittelalter glaubten die Menschen, ein Sträußchen Oregano schütze sie gegen die üblen Machenschaften des Teufels. Außerdem mischte man das Kraut Arbeitern ins Essen, damit diese besser, härter und länger arbeiten konnten.

Vorkommen/Sammeln/Selbstanbau:

Oregano wächst in ganz Europa an Wald- und Wegrändern sowie Abhängen und blüht hell bis rötlich. Während der Blütezeit im Juli und August sammelt man das recht pflegeleichte Kraut und läßt es schonend im Schatten trocknen. Da Oregano häufig Probleme mit der Keimung hat, empfiehlt es sich, für den Selbstanbau im Mai einige Jungpflanzen zu kaufen. Das Kraut braucht einen Sonnenbalkon mit einer warmen, windgeschützten Ecke und einen eher trockenen Boden.

Heilwirkung und Verwendung:

Als Tee soll das beliebte Küchengewürz gegen Magen- und Gallenbeschwerden, Appetitlosigkeit und Durchfall helfen. Außerdem wird es als mildes, krampflösendes Mittel empfohlen. Dazu sollte man mehrmals täglich eine Tasse nach folgendem Rezept trinken: Zwei Teelöffel Oregano mit einer Tasse kochendem Wasser übergießen und zehn Minuten ziehen lassen.

Passionsfrucht

(Passiflora incarnata)

Unter dem Überbegriff Passionsfrucht verbergen sich in der Regel drei Früchte: die gelblich bis rote *Maracuja,* die die hühnereigroße bräunlich bis purpurfarbene *Passionsfrucht* und die orangefarbene *Grenadilla.*

Herkunft:

Die Früchte der Passionsblume gedeihen in vielen tropischen und subtropischen Regionen und werden oft schon im Supermarkt angeboten.

Heilwirkung und Verwendung:

Für einen Tee mit beruhigender, schlaffördernder Wirkung die Früchte halbieren, das Fruchtfleisch mit den Kernen herausnehmen und pro Teelöffel Fruchtfleisch zwei Tassen kochendes Wasser dazugießen. Zehn Minuten leise köcheln lassen. Abseihen ist nicht unbedingt notwendig: die Kerne kann man mit Genuß kauen.

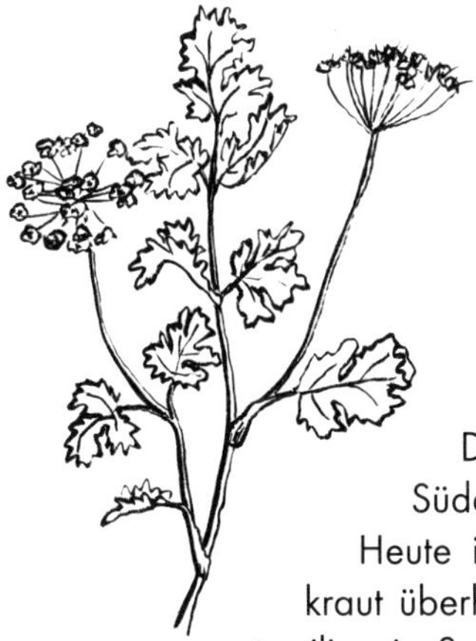

Petersilie

(Petroselinum crispum)

Geschichte:

Die Petersilie stammt vermutlich aus Südeuropa, wo sie auch noch wild wächst. Heute ist sie das wohl bekannteste Küchenkraut überhaupt. Für die alten Griechen war Petersilie ein Symbol der Festlichkeit. Vermutlich einer der Gründe, weshalb man die kleinen Sträußchen oft noch als grüne Dekoration auf kalten Platten findet.

Selbstanbau:

Petersilie kann schon im März im Freien ausgesät werden. Allerdings beträgt die Keimzeit rund drei bis vier Wochen. Um witterungsbedingte Schäden fernzuhalten, sollte man die Petersilie daher lieber im Zimmer vorziehen. Oder man weicht die Samen vor der Aussaat ins Freie einige Tage in warmem Wasser ein. Das Kraut braucht einen nährstoffreichen Boden, genügend Feuchtigkeit und einen halbschattigen Platz. Wenn man die Pflanzen zu Winterbeginn gut mit Zweigen abdeckt, kann man auch im Winter und Frühjahr Petersilie ernten. Das Kraut wird von Juni bis November geschnitten, die gelblich grünen Früchte im August und September gesammelt. Nach dem Waschen wird alles schonend getrocknet und grob zerkleinert.

Heilwirkung und Verwendung:

Die unkomplizierte Garten- und Balkonpflanze regt die Harnausscheidung kräftig an und wird daher auch bei chronischen Blasenkrankheiten eingesetzt. Außerdem unterstützt Petersilie die Verdauung und regt den Appetit an. Über den Tag verteilt kann man drei Tassen Tee trinken, für die man insgesamt einen Teelöffel getrocknete Petersilie braucht, die mit heißem Wasser übergossen wird.

Wichtig!

Da der Tee wehenauslösend wirken kann, soll er nicht in der Schwangerschaft getrunken werden. Ebenso sollte man ihn bei entzündlichen Nierenleiden meiden. Wegen ihres hohen Gehalts an giftigem Apiol dürfen Petersiliensamen (bzw. Früchte) nur vom Arzt verordnet werden. Diese sollen besonders wirksam gegen Blähungen und Harnleiden sein.

Pfefferminze

(Mentha piperita)

Geschichte:

Wildwachsende Pfefferminzarten gibt es schon seit Urzeiten in ganz Europa. Die heute übliche Kulturpflanze kam im 17. Jahrhundert aus Großbritannien zu uns und ist eine Mischung aus *Grüner Roßminze* und *Wasserminze*. Die Pfefferminze wird bereits seit dem Altertum als Heilmittel sehr geschätzt.

Selbstanbau:

Auch die Pfefferminze läßt sich problemlos im Garten und auf dem Balkon ziehen. Jungpflanzen werden ab Ende Mai an einen halbschattigen Platz ausgepflanzt. Die Minze schätzt halbfeuchte Standorte und humusreichen Boden. Das Kraut sammelt man während der Blütezeit zwischen Juli und September. Man schneidet es kurz über dem Boden ab und hängt es kopfüber im Schatten zum Trocknen auf. Die getrockneten, grob zerkleinerten Blätter kühl aufbewahren.

Heilwirkung und Verwendung:

Pfefferminztee wird gegen Appetitlosigkeit, Erbrechen, Gallenleiden, Magen-Darm-Beschwerden, Übelkeit und Völlegefühl empfohlen. Zwei Teelöffel Minze mit einer Tasse kochendem Wasser übergießen und nach zehn Minuten abseihen. Dieser Tee, maximal drei Tassen, wird nach den Mahlzeiten warm getrunken. Allerdings sollte man Pfefferminztee nicht regelmäßig zu sich nehmen – das könnte zu Magenreizungen und Verstopfung führen.

Pfirsich

(Prunus persica)

Geschichte:

Der Pfirsichbaum stammt aus China, wo man ihn schon vor rund 3000 Jahren kultivierte. Über Persien gelangte er in den Mittelmeerraum, von wo aus ihn die Römer weiter verbreiteten.

Gewinnung:

Aus den Schalen ungespritzter Früchte läßt sich sehr aromatischer Tee bereiten. Man kann aber auch das Fruchtfleisch in kleine Stücke schneiden und im Ofen bei 35° Celsius trocknen.

Heilwirkung und Verwendung:

Pfirsichtee wirkt leicht beruhigend und hat eine dezent darmregulierende Wirkung. Für zwei Tassen Tee nimmt man einen Teelöffel der getrockneten Früchte und Schalen, übergießt sie mit kochendem Wasser und läßt alles zehn Minuten ziehen.

Pflaume

(Prunus domestica)

Geschichte:

Die Pflaume stammt aus dem Orient, wird aber heute fast überall angebaut.

Heilwirkung und Verwendung:

Roh oder in gekochter Form sind Pflaumen eine wertvolle Diätspeise bei Gicht, Rheumatismus, Nieren- und Leberleiden. Sie fördern die Verdauung und regen den Appetit an, solange man sie nicht kiloweise verspeist. Sehr gut schmeckt auch Tee aus getrockneten Pflaumenstücken, der leicht abführend wirkt. Dazu nimmt man pro Teelöffel getrocknete Früchte eine Tasse kochendes Wasser und läßt die Mischung acht bis zehn Minuten ziehen.

Pomeranze

(Citrus aurantium)

Geschichte:

Die auch *Bitterorangen* genannten Früchte sind weniger zum Essen geeignet. Vielmehr dienten sie bereits im Altertum chinesischen Heilkundigen zur Behandlung von Appetitlosigkeit und wurden ebenso Schlaf- und Beruhigungstees beigemengt.

Heilwirkung und Verwendung:

In der Volksheilkunde verwendet man zum Teil die getrockneten Blüten der Früchte, meistens aber die Schalen, die man vorsichtig vom Fruchtfleisch ablöst und in der Sonne trocknet. Pomeranzenschalentee wirkt gegen nervöse Unruhe. Das Rezept: eineinhalb Teelöffel der bittersüßen Schalen mit einer Tasse Wasser überbrühen, zehn bis fünfzehn Minuten ziehen lassen und abseihen. Schluckweise vor dem Schlafengehen trinken.

Ringelblume

(Calendula officinalis)

Geschichte:

Die Heilkraft der Ringelblume ist schon seit dem 12. Jahrhundert bekannt. Man schätzte sie seit jeher wegen ihrer Heilwirkung.

Vorkommen/Sammeln:

Die einjährige Pflanze wächst wild auf Schutthalden, auf Wiesen und in Gärten, wo man sie natürlich auch aussäen kann. Sie blüht gelb bis orangegelb zwischen Juni und September. In diesem Zeitraum sammelt man die Blüten, breitet sie im Schatten aus und läßt sie am besten in Zugluft trocknen.

Heilwirkung und Verwendung:

Tee aus Ringelblumenblüten hilft bei Erkältungen und regt den Gallen- und Lymphfluß sanft an. Außerdem wird seine regulierende Wirkung auf die Regelblutung geschätzt. Zwei bis drei Tassen täglich sollte man von folgendem Tee trinken: Einen Teelöffel Ringelblumenblüten mit einer Tasse kochendem Wasser übergießen, zehn Minuten ziehen lassen und abseihen.

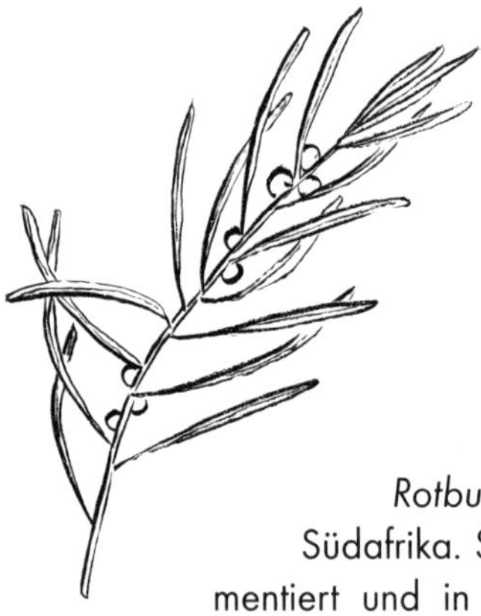

Rooibusch

(Asphalatus)

Vorkommen:

Der Rooibusch, auch *Rooibos* oder *Rotbusch* genannt, wächst ausschließlich in Südafrika. Seine nadelartigen Blätter werden fermentiert und in der Sonne getrocknet. Durch seine Gerb- und Bitterstoffe ist das auch unter dem Begriff *Massai-Tee* geläufige Getränk eine feine koffeinfreie Alternative zu schwarzem Tee.

Heilwirkung und Verwendung:

Er wirkt beruhigend und hilft bei Magenbeschwerden. Dazu nimmt man einen Teelöffel der getrockneten Blätter, übergießt sie mit einer Tasse kochendem Wasser und läßt sie fünf Minuten ziehen. Noch besser schmeckt er, wenn man ein paar Orangenschalen oder etwas Orangensaft dazugibt.

Rosenblüten

(Flores rosae)

Für Rosenblütentee werden vorwiegend die fein duftenden Blüten der Damaszener Rose gesammelt.

Heilwirkung und Verwendung:

Rosenblüten sind ein beliebtes Nervenstärkungsmittel, das leicht beruhigend auf die Magen- und Darmschleimhäute wirkt und auch zur Blutreinigung und Herzstärkung verwendet wird. Außerdem regulieren die Inhaltsstoffe den weiblichen Hormonhaushalt. Für eine Tasse verwendet man einen Teelöffel getrocknete Blüten, übergießt sie mit kochendem Wasser und läßt sie zehn Minuten lang ziehen. Man kann täglich ein bis zwei Tassen von diesem fein duftenden Tee trinken.

Rosmarin

(Rosmarinus officinalis)

Geschichte:

Im Altertum sprach man dem Kraut Zauber- und Heilkräfte zu. Die Griechen weihten Rosmarin ihrer Liebesgöttin Aphrodite. Scheinbar nicht ohne Erfolg: Noch heute wird in einigen Gegenden Bayerns der Braut als Garant für Liebe und Treue Rosmarin statt Myrte in den Brautstrauß gebunden. Aber auch praktische Kräfte werden der Pflanze zugesprochen: Zwischen die Wäsche gelegt, soll sie Motten vertreiben. Im Mittelalter galt die immergrüne Gewürzpflanze beinahe als Allheilmittel, und selbst Pfarrer Kneipp empfahl Rosmarin für diverse Anwendungen, beispielsweise gegen Herz- und Kreislaufbeschwerden, Probleme im Unterleib, nervöse Erschöpfung, Rheuma, Gicht und Magenbeschwerden.

Selbstanbau:

Das früher unter dem Namen *Weihrauchkraut* bekannte Gewürz sollte man am besten in einem Blumentopf anpflanzen, da es nicht winterhart ist. Nachdem die Sämlinge sehr empfindlich sind, sollte man lieber Jungpflanzen kaufen. Später läßt sich die ausgewachsene Pflanze leicht durch Stecklinge vermehren. Rosmarin braucht unbedingt Sonne und einen windgeschützten Platz an der Hauswand. Ab August sollte man nur noch sporadisch gießen und nicht mehr düngen, damit die Pflanze ausreifen kann. Geerntet werden die Blätter bzw. Nadeln zwischen Juli und August. Ende September, vor den ersten Frösten, muß der Topf ins Haus.

Heilwirkung und Verwendung:

Tee aus getrockneten Rosmarinnadeln hilft gegen Durchblutungsstörungen, bei niedrigem Blutdruck, chronischen Kreislaufproblemen und stärkt den Körper nach überstandenen Infektionskrankheiten. Für eine Tasse Tee übergießt man einen Teelöffel Rosmarin mit kochendem Wasser und läßt ihn acht bis zehn Minuten ziehen. Morgens und mittags jeweils eine Tasse davon trinken.

Wichtig!

Während der Schwangerschaft sollte man auf Rosmarintee verzichten oder zumindest vorher seinen Arzt befragen.

Salbei

(Salvia officinalis)

Bereits in der Antike war Salbei ein beliebtes Heilmittel, später empfahl man ihn vor allem bei Magen- und Darmkrankheiten. Der botanische Name *salvia* hängt eng mit dem lateinischen *salve*, gleich Heil, zusammen, womit eigentlich schon alles gesagt ist. Deshalb war Salbei besonders auch in Klostergärten sehr geschätzt. Ein noch heute gebräuchliches Sprichwort unterstreicht die große Bedeutung der Pflanze in der Volksmedizin: »Wer ewig leben will, der esse Salbei im Mai.«

Selbstanbau:

Salbei läßt sich sehr gut im Garten und auf dem Balkon anpflanzen. Wer selbst säen will, kann schon im Februar auf der Fensterbank damit beginnen, aber auch noch im Juli direkt in Töpfe auf dem Balkon säen. Die Samen brauchen zum Keimen Wärme und Licht, dürfen daher nur dünn mit Folie abgedeckt werden. Ab Ende Mai kommen die vorgezogenen Pflanzen in ihre endgültigen Gefäße nach draußen. Dort schätzen sie Sonne, vertragen auch Hitze und Trockenheit. Doch wenn die Blätter hängen, wird es Zeit für intensives Gießen. Die Blätter dieses Halbstrauchs sammelt man in den Monaten Mai bis Juli. Sie werden danach getrocknet, grob zerkleinert und in dicht schließenden Behältern aufbewahrt.

Heilwirkung und Verwendung:

Ein Tee aus einem Teelöffel Salbei, mit einer Tasse kochendem Wasser übergossen, der acht Minuten zieht, hilft bei Entzündungen der Atemwege und lindert Halsschmerzen und Husten.

Schafgarbe

(Achillea millefolium)

Geschichte:

In der Antike und im Mittelalter schätzte man die Schafgarbe als universelles Heilmittel. Als eines der dem heiligen Johannes geweihten Zauberheilkräuter galt sie als »Hexenvertreiber« und wurde früher von Bauern in Ställen und Scheunen aufgehängt, um vermeintliche böse Geister fernzuhalten.

Vorkommen/Sammeln:

Die Schafgarbe wächst wild an Wegrändern und auf Wiesen in fast ganz Europa, läßt sich aber auch im Garten ziehen und ist dem einen oder anderen unter den Begriffen *Achilles-, Bauchweh-, Grillen-* und *Frauenkraut* oder als *Tausendblatt* und *Feldgarbe* bekannt. Kraut und Blüten der Pflanze sammelt man in den Monaten Mai bis August, danach werden sie getrocknet und sollen lichtgeschützt aufbewahrt werden.

Heilwirkung und Verwendung:

Schafgarbentee hilft gegen Appetitlosigkeit, Magen- und Darmbeschwerden, Rheuma sowie bei Schlafstörungen. Da sie nicht nur krampflösend und beruhigend, sondern auch blutstillend wirkt, wird die Schafgarbe vor allem in der Frauenheilkunde sehr geschätzt. Empfohlen wird eine Tasse täglich, zubereitet aus zwei Teelöffeln Schafgarbe, die man mit kochendem Wasser übergießt und nach zehn Minuten abseiht. Gelegentlich kann es zu allergischen Reaktionen auf das Kraut kommen. Wer gerötete Haut oder juckende Ausschläge feststellt, sollte sofort mit der Einnahme des Tees aufhören

Schlüsselblume

(Primula officinalis)

Geschichte:

Schon im Mittelalter wurde die Schlüsselblume gegen alle möglichen Krankheiten eingesetzt – beispielsweise Gicht, Harnsteine oder Geschwülste. Sogar nach einem Schlaganfall versprach man sich eine heilende Wirkung. Hildegard von Bingen empfahl »Himmelsschlüsseltee« übrigens gegen Schwermut.

Vorkommen:

Schlüsselblumen wachsen zwar noch auf trockenen, ungedüngten Wiesen, in Laubwäldern oder an Waldrändern. Da sie aber unter Naturschutz stehen, darf man sie natürlich nicht sammeln. Dennoch kann man die getrockneten Blüten und Wurzeln in entsprechenden Geschäften kaufen.

Heilwirkung und Verwendung:

Sehr wirksam ist die Blume, die manche unter den Namen *Himmelsschlüssel*, *Petriblume* oder *Primel* kennen, gegen Beschwerden in den Luftwegen. Außerdem wird sie in der Volksheilkunde als harntreibende Pflanze geschätzt, ebenso wie als gutes Mittel gegen festsitzende Verschleimungen und Husten. Für wohlschmeckenden Schlüsselblumentee einen Eßlöffel der Blüten *(Flores primulae)* mit einer Tasse heißem Wasser überbrühen, zehn Minuten ziehen lassen und abseihen. Zwei bis drei Tassen täglich so warm wie möglich trinken.

Schwarze Johannisbeerblätter

(Ribes nigrum)

Vorkommen/Sammeln:

Die schwarze Johannisbeere wächst selten wild – höchstens noch in Auwäldern und Flußtälern –, wird aber oft in Gärten angebaut. Der Strauch riecht wanzenartig. Verwendet werden Früchte und Blätter. Letztere werden zwischen Juni und August gesammelt und haben einen hohen Stellenwert in der Volksheilkunde. Nach dem Trocknen werden sie zerkleinert.

Heilwirkung und Verwendung:

Schwarze Johannisbeeren wirken regulierend auf den Stuhlgang, der Saft hilft bei Husten, Heiserkeit und dient als Vorbeugung bei drohenden Erkältungskrankheiten.
Tee aus schwarzen Johannisbeerblättern hilft gegen rheumatische Beschwerden, Durchfall, Blasenkatarrh, Nierenbeschwerden und unterstützt den Stoffwechsel.
Auf 15 Gramm Blätter gießt man einen halben Liter kochendes Wasser, läßt die Mischung zehn Minuten ziehen und trinkt den Tee auf drei Portionen über den Tag verteilt.

Spitzwegerich

(Plantago lanceolata)

Geschichte:

Der Spitzwegerich war schon in der Antike eine sehr geschätzte Heilpflanze. Im alten Rom verwendete man den Saft als Mittel gegen Schlangenbisse, und im Mittelalter wurde er Ruhr- und Magenkranken als Gemüse gekocht eingegeben.

Vorkommen/Sammeln:

Die allgemein als Unkraut bezeichnete Pflanze wächst praktisch auf der ganzen Welt überwiegend auf Wiesen und Wegrändern und blüht zwischen Mai und September. In derselben Zeit sammelt man auch die Blätter, die anschließend schonend getrocknet werden sollen, dabei aber nicht braun werden dürfen.

Heilwirkung und Verwendung:

Spitzwegerich gilt als gutes, schwach antibakterielles Hustenmittel und wird in der Volksheilkunde überwiegend bei Bronchitis empfohlen. Außerdem wirken die schleimhaltigen Blätter lindernd bei Heiserkeit und haben sich auch bei Entzündungen im Magen- und Darmbereich bewährt. Wissenschaftler empfehlen Tee aus getrockneten Spitzwegerichblättern vor allem bei Erkrankungen der oberen Luftwege. Dazu übergießt man zwei Teelöffel mit einer Tasse kochendem Wasser und läßt die Mischung zehn Minuten ziehen. Im Bedarfsfall täglich drei Tassen trinken.
Kurioser Nebeneffekt: Eine aus Spitzwegerich gekochte Essenz verleidet Rauchern jeglichen Tabakgenuß.

Stiefmütterchen

(Viola tricolor)

Vorkommen/Sammeln:

Das Acker-Stiefmütterchen *(Viola tricolor)* wächst auf Äckern und in Gärten und blüht gelblich weiß, das Wiesen-Stiefmütterchen *(Viola tricolor vulgaris)* hat etwas größere violette Blüten und eignet sich ebenfalls für Heilzwecke, während das Garten-Stiefmütterchen *(Viola tricolor hortensis)* verschiedenfarbig blüht und keine Heilpflanze ist. Wenn die Pflanze in den Monaten Mai bis August blüht, sollte man das Kraut sammeln, im Schatten trocknen und anschließend in lichtgeschützten Behältern aufbewahren.

Heilwirkung und Verwendung:

Tee aus Stiefmütterchen, morgens und abends je eine Tasse, hilft bei Juckreiz, chronischen Ekzemen, rheumatischen Beschwerden und dient als Vorbeugungsmittel gegen Erkältungskrankheiten. Dazu nimmt man auf zwei Teelöffel des Krauts eine Tasse kochendes Wasser und läßt alles fünf Minuten lang ziehen. Bei Kindern genügt ein Teelöffel.

Tausendgüldenkraut

(Centaurium erythraea)

Geschichte:

Nicholas Culpeper, ein berühmter englischer Naturheilkundiger, schrieb im 17. Jahrhundert: »Das Tausendgüldenkraut hat so viele heilende Eigenschaften, daß der Gebrauch nie schadet... es ist heilsam, jedoch nicht sehr schmackhaft.«

Vorkommen:

Das im Juni und Juli blühende Gewächs mit den hübschen rosaroten Blüten ist auch unter den Namen *Tausendgulden-* oder *Fieberkraut* bekannt, gehört zu den Enzianpflanzen und steht unter Naturschutz. Nach dem Erwerb in einschlägigen Geschäften muß das bittere Kraut gut verschlossen und dunkel aufbewahrt werden.

Heilwirkung und Verwendung:

Tausendgüldenkraut wird ausdrücklich empfohlen bei Appetitlosigkeit, zur Verdauungsanregung und zur Förderung der Magensaftbildung. Dazu sollte man morgens und abends vor dem Essen jeweils einen Viertelliter Tee trinken. Das Rezept: Einen Teelöffel Tausendgüldenkraut mit 250 ml kochendem Wasser übergießen, acht bis zehn Minuten ziehen lassen, dann abseihen.

Thymian

(Thymus vulgaris)

Geschichte:

Die ursprüngliche Heimat des Thymians sind die immergrünen Buschwälder und Felsenheiden rund um das Mittelmeer. Bekannt war das Kraut bereits im Ägypten der Pharaonen. Wegen seiner konservierenden Eigenschaften und seines aromatischen Duftes wurde es damals den Leichenharzen beigemischt, mit denen die Toten einbalsamiert wurden. Aber auch als Heilkraut kannte man die Pflanze in der Antike.

Selbstanbau:

Thymian können Sie ab März im Zimmer vorziehen oder ab April im Freien aussäen. Da er zu den Lichtkeimern gehört, darf er nur dünn mit Erde bedeckt werden. Im Zimmer keimt die Pflanze bereits nach zehn Tagen, im Freien dauert es etwa länger. Thymian braucht einen lockeren, trockenen Boden und darf nicht gedüngt werden. Er wächst gut im Steingarten, ist aber auch auf dem Balkon leicht zu ziehen. In den Monaten Juni bis August wird das Kraut gesammelt und anschießend getrocknet. Man darf aber immer nur so viel ernten, daß die Pflanze nicht darunter leidet. Während der Mittagsstunden ist der Gehalt an ätherischem Öl am höchsten.

Heilwirkung und Verwendung:

Bereits seit über 4000 Jahren wird Thymian als Arznei- und Gewürzpflanze geschätzt. Er hat positiven Einfluß auf die Verdauung und gilt außerdem als bewährtes Hustenmittel mit schleim- und krampflösender Wirkung. Die Pflanze wird auch bei Bronchialkatarrh besonders empfohlen. Auf einen Teelöffel Thymian eine Tasse kochendes Wasser gießen, zehn Minuten ziehen lassen und davon zwei bis drei Tassen täglich trinken.

Veilchen

(Viola odorata)

Vorkommen/Sammeln:

Das blau-violett blühende Veilchen wächst bevorzugt in oder an Hecken und Waldrändern. Das Kraut, die Blüten und die Blätter der Pflanze sammelt man zwischen März und Mai. Die Wurzeln dagegen werden im September und Oktober geerntet. Alle Teile müssen an einem schattigen Platz getrocknet werden, der gut durchlüftet ist.

Heilwirkung und Verwendung:

Tee aus zerkleinerten Wurzeln hat sich besonders bei chronischem Husten mit starker Verschleimung und bei Keuchhusten bewährt. Dazu übergießt man einen Teelöffel Wurzeln mit einer Tasse kochendem Wasser und läßt die Mischung zehn Minuten ziehen. Dreimal täglich eine Tasse wird davon empfohlen. Kraut, Blüten und Blätter wirken dagegen bei Hautunreinheiten und rheumatischen Beschwerden. Hier übergießt man 10 Gramm Veilchen mit einem Liter kaltem Wasser, erhitzt die Mischung bis zum Siedepunkt und läßt sie dann fünf Minuten ziehen. Morgens und abends jeweils eine Tasse davon trinken.

Wacholderbeeren

(Juniperus communis)

Vorkommen/Sammeln:

Wacholder gedeiht in allen Höhenlagen und wächst auf Heiden oder Berghängen genauso wie auf Moorböden. Im Gebirge bildet er meist nur einen kleinen Strauch und in tieferen Gefilden manchmal einen bis zu zehn Meter hohen Baum. Er blüht im Mai und Juni gelb, und seine Früchte sind dunkelblau. Die Beeren des Nadelbaums werden zwischen September und November gesammelt und schonend getrocknet.

Heilwirkung und Verwendung:

Dank Pfarrer Kneipp weiß man, daß getrocknete Wacholderbeeren ein gutes Mittel gegen Gicht und rheumatische Beschwerden sind. Ein Tee aus einem Teelöffel zerstoßener Beeren, die mit kochendem Wasser übergossen werden und darin zehn Minuten ziehen, wirkt nach Ansicht der Volksmediziner außerdem desinfizierend und harntreibend. Gesichert ist zumindest die Wirksamkeit des Tees bei der Behandlung von Völlegefühl und Sodbrennen: morgens und abends jeweils eine Tasse davon trinken. Allerdings kann Wacholder bei einer Anwendungsdauer von über vier Wochen Magen, Darm und Nieren reizen.

Wichtig!

Schwangere sollten keinen Wacholder zu sich nehmen.

Waldmeister

(Asperula odorata, Galium odoratum)

Vorkommen/Sammeln:

Waldmeister wächst in Laubmischwäldern, bevorzugt in Buchenhainen und auf kalkhaltigen Böden im Gebirge. Das würzig duftende Kraut blüht im Mai und im Juni und wird gesammelt, bevor es noch ganz aufgeblüht ist, also im April und Mai. Waldmeister muß im Schatten trocknen, wobei er sich allerdings nicht braun verfärben darf. Das Kraut muß anschließend in dunklen Behältern aufbewahrt werden.

Heilwirkung und Verwendung:

Waldmeistertee wird vorwiegend bei Kopfschmerzen, Schlaflosigkeit und gegen nervöse Gereiztheit empfohlen. Das Rezept: Zwei Teelöffel Waldmeister mit eineinhalb Tassen kochendem Wasser übergießen, zehn Minuten ziehen lassen und über den Tag verteilt trinken.

Walnußblätter

(Juglans regia)

Geschichte:

Der Walnußbaum stammt vermutlich aus Persien und wurde durch die Römer in Europa verbreitet.

Vorkommen/Sammeln:

Ein Nußbaum kann bis zu zwanzig Meter hoch werden und ist nicht sonderlich winterhart. Jedoch gehen ausgewachsene Walnußbäume nur in sehr strengen Wintern ein. Die Blätter des Walnußbaums werden in den Monaten Juni und Juli gesammelt und getrocknet.

Heilwirkung und Verwendung:

Tee aus Walnußblättern hilft bei Magen- und Darmbeschwerden, wirkt nervenberuhigend und krampflösend. Man schreibt ihm auch äußerst positive Wirkung auf die Haut zu, insbesondere bei Ekzemen und Akne. Das Rezept: Zwei Teelöffel Walnußblätter mit einer Tasse kochendem Wasser übergießen und zehn Minuten ziehen lassen. Für Kinder nimmt man nur die Hälfte der Blätter. Täglich bis zwei Tassen davon trinken.

Weidenrinde

(Salix, Cortex salicis)

Gewinnung:

Im April und Oktober wird die Rinde für den Tee von jüngeren Zweigen abgeschält, getrocknet und klein geschnitten.

Heilwirkung und Verwendung:

Tee aus Weidenrinde wirkt fiebersenkend, schmerzstillend, entwässernd und schweißtreibend. Er wird auch bei Gicht und rheumatischen Beschwerden eingesetzt.
Ein Teelöffel der Rinde, mit einer Tasse kochendem Wasser übergossen, muß zehn Minuten lang ziehen. Täglich zwei bis drei Tassen trinken. Allerdings kann Weidenrinde den Magen reizen. Es empfiehlt sich daher, den Tee erst nach den Mahlzeiten zu nehmen.

Weißdornblätter und -blüten

(Crataegus oxyacantha, C. monogyna)

Geschichte:

Bereits in Kräuterbüchern des Mittelalters hat man auf die Wirksamkeit von Weißdornblüten als Stärkungsmittel hingewiesen. Seine vielen volkstümlichen Namen weisen darauf hin, wie hoch er auch in der Heilkunde der Landbevölkerung seit jeher geschätzt wurde.

Vorkommen/Sammeln:

Der Weißdorn ist in Europa weit verbreitet und wächst am liebsten auf lehmigen, feuchten Böden – von der Ebene bis in etwa tausend Meter Seehöhe. Die weißen bis hellrosa Blüten und Blätter des auch unter den Namen *Hecken-*, *Hage-* oder *Zaundorn* bekannten Rosengewächses sammelt man zwischen Mai und Juni. Danach werden sie getrocknet und grob zerkleinert.

Heilwirkung und Verwendung:

Heute weiß man, daß die Pflanze besonders wirksam bei Herzbeschwerden, streßbedingten Herzrhythmusstörungen, Arteriosklerose sowie zur Blutdruckregulierung ist. Zur Behandlung solcher Beschwerden werden zwei bis drei Tassen Tee täglich empfohlen. Für eine Tasse übergießt man zwei Teelöffel Weißdornblüten und -blätter mit kochendem Wasser und läßt die Mischung 20 Minuten lang ziehen. Wer wegen Herzproblemen bei einem Arzt in Behandlung ist, sollte sich vorsichtshalber vor Beginn der Teekur mit ihm absprechen.

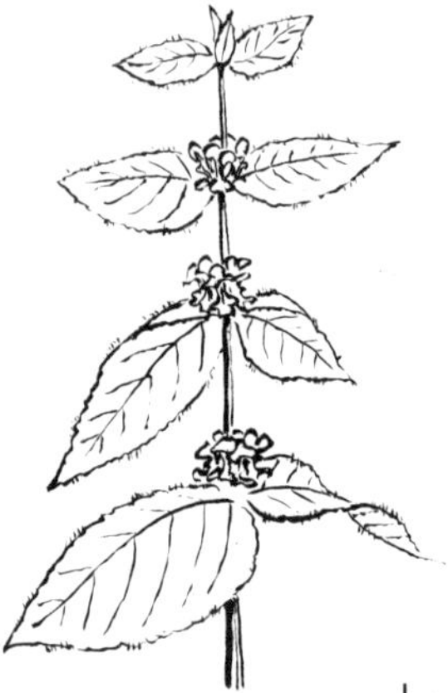

Weiße Taubnessel

(Lamium album)

Vorkommen/Sammeln:

Die Taubnessel gedeiht an Wald- und Wegrändern, an Mauern und Zäunen ebenso wie in verwilderten Gärten und blüht zwischen April und September. In dieser Zeit werden die Blüten gesammelt, schnell im Schatten getrocknet und in lichtundurchlässigen Gefäßen aufbewahrt.

Heilwirkung und Verwendung:

Traditionell wird die Pflanze bei Menstruationsbeschwerden eingesetzt, aber auch bei Schlaflosigkeit und Husten. Taubnesseltee hat außerdem eine stark blutreinigende Wirkung und ist deshalb auch gegen unreine Haut zu empfehlen. Man übergießt zwei Teelöffel der Blüten mit einer Tasse kochendem Wasser und läßt alles 20 Minuten lang ziehen. Zwei bis drei Tassen täglich davon trinken.

Wermut

(Artemisia absinthium)

Geschichte:

Bereits im Altertum empfahl man Wermutkraut bei Magenbeschwerden und zur Appetitanregung. Im alten Rom wurde nicht nur siegreichen Wagenlenkern ein Wermuttrank als besondere Ehre gereicht – Kinder bekamen bei Wurmbefall ebenfalls einen Wermuttee eingeflößt. Wegen des bitteren Geschmacks wurde der Rand ihres Trinkgefäßes mit Honig bestrichen.

Selbstanbau:

Die aus Südeuropa stammende Pflanze ist auch unter den Namen *Absinth, Magen-* und *Wiegenkraut* bekannt. Sie liebt steinige, trockene Böden, ist längst bei uns heimisch geworden und läßt sich gut im Garten und auf dem Balkon ziehen. Das Kraut wird zwischen Juli und September gesammelt und getrocknet. Heute weiß man, daß es außer verdauungsfördernd auch leistungsteigernd wirken kann. Besonders effektiv ist der Tee, wenn man zwei- bis dreimal je eine Tasse vor dem Essen trinkt. Das Rezept: Einen Teelöffel Wermutkraut mit einer Tasse kochendem Wasser übergießen und zehn Minuten ziehen lassen. So heiß wie möglich trinken.

Ysop

(Hyssopus officinalis)

Geschichte:

Wenngleich die Heimat dieser Heil- und Gewürzpflanze Südosteuropa ist, kennt man Ysop doch schon seit vielen Jahrhunderten in Asien. Buddhistische Mönche haben früher Büschel des Krauts in ihren Klöstern aufgehängt, weil der starke Duft der Pflanzen angeblich Krankheiten vertrieb. Auch die katholische Kirche verwendete die Pflanze: als Weihwassersprengel. In Frankreich nennt man Ysop daher auch »herbe sacré«.

Selbstanbau:

Ysop ist recht anspruchslos. Er kann im Frühjahr unter Glas ausgesät werden. Da aber eine Staude üblicherweise für einen Haushalt ausreicht, ist es einfacher, wenn man eine Jungpflanze kauft und im April aussetzt. Der Standort muß sonnig sein, und in kalten Gebieten braucht der mehrjährige Lippenblütler einen Winterschutz. Zwischen Juni und September ist Erntezeit, dann wird das Kraut im Schatten getrocknet.

Heilwirkung und Verwendung:

Schon seit Jahrhunderten wird das Kraut des Halbstrauchs als anregende, blutreinigende, entschleimende und stärkende Arznei empfohlen. Außerdem hat es sich bei entzündeten Bronchien und Asthma bewährt. Für eine Tasse Tee gibt man einen Teelöffel Ysop in kaltes Wasser, erhitzt es bis zum Sieden und läßt ihn fünf Minuten ziehen. Davon sollte man zwei Tassen täglich zu sich nehmen.

Zitronenschalen

(Citrus limonum)

Geschichte:

Der Zitronenbaum ist in China oder Indien heimisch und kam wohl erst mit den Arabern nach Europa.

Heilwirkung und Verwendung:

Die Schalen der Frucht wirken kräftigend, appetitanregend, magen- sowie verdauungsstärkend und helfen gegen Blähungen. Allerdings sollte man ausschließlich Schalen von ökologisch angebauten Früchten verwenden. Diese werden ohne die weiße Innenhaut dünn abgeschält und frisch verwendet. Ein ebenso wohlschmeckendes wie hilfreiches Getränk läßt sich wie folgt zubereiten: Die Schalen von zwei Zitronen mit einem Liter kochendem Wasser übergießen, zehn Minuten ziehen lassen, dann abseihen und ein paar Tropfen frischen Zitronensaft dazugeben.

Zwiebel

(Allium cepa)

Geschichte:

Die Zwiebel entstammt vermutlich den Steppen Innerasiens und war schon den Völkern des Altertums bekannt. Ägypter, Assyrer und Babylonier schätzten sie außerordentlich. Nach Deutschland kam das Lauchgewächs wahrscheinlich erst um Christi Geburt.

Gewinnung:

Man erntet die Zwiebel zwischen Juni und September, läßt sie auf dem Boden trocknen und lagert sie danach trocken und frostfrei.

Heilwirkung und Verwendung:

Zwiebeln wirken blutzuckersenkend und entwässernd. Für einen Tee nimmt man eine mittelgroße Zwiebel, schneidet sie in Scheiben und gießt sie mit vier Tassen Wasser auf. Diese Mischung läßt man auf drei Tassen Flüssigkeit einkochen und nimmt über einige Tage verteilt mehrmals täglich einen Eßlöffel des Tees zu sich.

Kräuter- und Früchtetees in der Heilkunde

Die meisten Kräuter- und Früchtetees haben mehrere Vorteile. Sie schmecken gut, sind preiswert, löschen den Durst und sind gesundheitsfördernd. Oft wirken sie belebend, entspannend oder krankheitsvorbeugend, und mit ihren Mineralstoffen und Vitaminen bewahren sie unseren Körper vor einer Unterversorgung. Außerdem wirken viele Tees basisch, gleichen also unseren meist säurelastigen Magen durch ihren Überschuß an Basen etwas aus. Dazu muß man sie allerdings ohne Zucker trinken. Das dürfte selbst den Naschkatzen unter uns nicht allzu schwer fallen, denn durch die Geschmacksintensität der hier vorgestellten Tees ist die Zugabe von Zucker eigentlich nicht nötig. Falls Sie doch etwas mehr Süße möchten, geben Sie einen Teelöffel Honig dazu, der außerdem entzündungshemmend wirkt.

Unterschiede zwischen Trinktees und Heiltees

Nicht nur Früchtetees zählt man nach dem allgemeinen Sprachgebrauch zur Gruppe der Trinktees. Auch Tees aus mild wirkenden Heilkräutern und Gewürzen, beispielsweise Haferflocken, Himbeerblätter, Holunderblüten oder Gewürznelken, ordnet man in der Volksheilkunde den Früchtetees zu. Ihnen ist gemein, daß man sie im Prinzip auf Dauer trinken kann, ohne mit unangenehmen Nebenwirkungen rechnen zu müssen – Ausnahmen sind bei den Beschreibungen im Kapitel »Pflanzen von A – Z« oder in den einzelnen Rezepten erwähnt. Diese Tees schmecken nicht nur gut, sie haben darüber hinaus auch diverse Heilwirkungen und dienen der gesundheitlichen Vorbeugung.

Heiltees dagegen werden üblicherweise zur gezielten nachhaltigen Linderung spezieller Beschwerden eingesetzt und wirken intensiver. Sanft wirkende Heilkräuter kann man zwar im Normalfall ohne Bedenken über mehrere Wochen hinweg in flüssiger Form zu sich nehmen, aber auch hier achten Sie bitte auf Anmerkungen bei den Rezepten oder den Beschreibungen im vorderen Teil des Buches. Kräftiger wirkende Heilkräuter dagegen sollten keinesfalls ohne Rücksprache mit dem Arzt, Apotheker oder Heilpraktiker verwendet werden, da sie durchaus unerwünschte Nebenwirkungen in mehr oder weniger stark gesundheitsbedenklicher Art haben können. Auch die Dosierungen dürfen nicht ohne ärztliche Anweisung überschritten werden, da manche Heilkräuter in höherer Dosierung und in kürzeren Abständen genossen wie Gift wirken können, während sie richtig angewandt die Gesundheit stärken.
Sie sollten auf jeden Fall unbedingt sofort ärztlichen Rat einholen, wenn

- die Beschwerden nach drei Tagen noch nicht besser geworden sind bzw. nach dem Absetzen der Teekur wieder auftreten;
- Sie starke Schmerzen oder hohes Fieber bekommen;
- Veränderungen an Muttermalen festzustellen sind;
- Ihr Kreislaufsystem instabiler wird oder Ihre Herztätigkeit sich verändert;
- es trotz der Anwendung des Tees zu einer Verschlechterung Ihres Gesundheitszustandes kommt oder auch zusätzliche Beschwerden wie Durchfall, Fieber, Hautausschläge und Übelkeit auftreten.

Wie bereitet man Früchte- und Heilkräutertees zu?

Im Prinzip gibt es drei Zubereitungsarten: den Aufguß, die Abkochung und den Kaltauszug. Dabei bestimmt die Dauer des Ziehens das Aroma, die Farbe und die Wirkung eines Tees.
Der *Aufguß* ist das bevorzugte Verfahren und mit der Zubereitung von schwarzem Tee identisch. Besonders eignet sich der Aufguß

für zarte Pflanzenteile, die reich an ätherischen Ölen sind. Das sind in erster Linie Blätter, Blüten und Früchte. Man nimmt dazu ein hitzebeständiges Gefäß aus Glas oder Porzellan, gibt die angegebene Menge getrockneter Früchte oder Kräuter hinein und gießt mit kochendem Wasser auf. Je nach Angabe im Rezept läßt man die Mischung zugedeckt fünf bis zehn Minuten ziehen, in Ausnahmefällen auch einmal 20 Minuten. Danach seiht man ab und trinkt den Tee meist heiß in der jeweils angegebenen Menge.
Eine *Abkochung* ist bei härteren Pflanzenteilen sinnvoll, zum Beispiel bei Rinden, Samen oder Wurzeln, deren Wirkstoffe – in der Regel Bitter- und Gerbstoffe sowie mineralische Salze – sich bei einem Aufguß nicht voll entfalten. Um sie optimal nutzen zu können, gibt man die getrockneten Kräuter in einen Topf, gießt Wasser dazu und läßt alles zugedeckt zehn bis fünfzehn Minuten leise kochen. Danach seiht man die Mischung ab. Bei der Zubereitung von nur einer Tasse sollte man etwas mehr Flüssigkeit dazugeben, um den Mengenverlust durch Verdampfen auszugleichen. Normalerweise rechnet man pro Tasse zwei Eßlöffel Wasser zusätzlich. Am besten ist es, wenn Sie die Pflanzenteile leicht drücken, ehe sie in das Wasser kommen, das erhöht den Auszug der darin enthaltenen Wirkstoffe.
Einen sogenannten *Kaltauszug* bereitet man, wenn man empfindliche Stoffe ausziehen oder flüchtige Stoffe, beispielsweise ätherische Öle, erhalten möchte, wobei jedoch ein möglichst kleiner Anteil anderer Substanzen, beispielsweise Gerbstoffe, erwünscht ist. Für einen Kaltauszug gibt man die angegebene Menge von Heilpflanzen in einen Topf, gießt kaltes Wasser dazu und läßt die Mischung zugedeckt mehrere Stunden ziehen. Zwischendurch sollte man gelegentlich kurz umrühren, und zum Schluß seiht man die Mischung ab.
Bei manchen Teemischungen sind *kombinierte Verfahren* sinnvoll. Dabei werden zum Beispiel durch Kaltauszug und Abkochung denselben Kräutern verschiedene Inhaltsstoffe entzogen, deren Kombination für die jeweilige Anwendung besonders sinnvoll ist. In diesen Fällen gießt man die Teemischungen danach zusammen.

Dosierung, Maße und Gewichte

Die Rezepte in diesem Buch sind, sofern nicht anders angegeben, auf eine Tasse mit 150 Kubikzentimeter Wasser, also 0,15 Liter, bezogen. Ein Teelöffel entspricht je nach Frucht oder Heilkraut zwischen eineinhalb und fünf Gramm, ein Eßlöffel entspricht drei Teelöffeln. Halten Sie sich also möglichst an die Rezeptangabe in Teelöffeln, Eßlöffeln oder Gramm.

Kinder reagieren natürlich sensibler auf Heilpflanzen als Erwachsene. Bei Früchte- und anderen Trinktees ist es ratsam, für Kinder *nur die Hälfte* der angegebenen Pflanzenmenge zu verwenden. Bei Kindern unter vier Jahren sollten Heiltees nur nach Rücksprache mit dem Arzt oder Heilpraktiker verabreicht werden. Bei Kindern zwischen vier und zehn Jahren verwenden Sie *ein Drittel* der angegebenen Pflanzenmenge, bei Kindern zwischen zehn und vierzehn Jahren *die Hälfte*. Abführende, bittere, blutreinigende und entschlackende Teemischungen sollten bei Kindern erst nach Rücksprache mit Medizinern verabreicht werden. Natürlich sollten auch *Schwangere* vor jeglichem Genuß von Heiltees unbedingt ärztlichen Rat einholen.

Worauf man beim Einkauf achten sollte

Am besten kauft man Heilkräuter in Apotheken und Kräuterhäusern. Denn die dort angebotenen Pflanzen müssen gemäß den Vorschriften des deutschen Arzneimittelbuches stichprobenartig auf Rückstände von chemischen Spritzmitteln und auch auf ihren Wirkstoffgehalt hin untersucht werden. Dadurch wird ein möglichst gleichbleibender Wirkstoffgehalt der einzelnen Pflanzen garantiert. Ebenso müssen sich Rückstände von Dünge- und Spritzmitteln unterhalb der gesetzlich vorgeschriebenen Höchstgrenzen bewegen. In Reformhäusern, Supermärkten und Teeläden werden auch einzelne getrocknete Kräuter und Teemischungen angeboten, die jedoch nicht dem Arzneimittelrecht unterliegen, sondern lediglich dem Lebensmittelrecht. In diesem Fall sind die Anforderungen nicht ganz so hoch. So muß der Gehalt des wirksamen ätherischen Öls in Pfefferminztee nach dem Lebensmittelrecht 0,6 Prozent betragen, in Pfefferminztee nach dem Arzneimittelrecht dagegen muß der Gehalt doppelt so hoch sein. Einen sogenannten Arzneitee erkennt man daran, daß auf der Packung das Anwendungsgebiet vermerkt ist, zum Beispiel »zur Behandlung von Atemwegserkrankungen«.

Eine gute Alternative sind Teemischungen aus ökologischem Anbau, die man zum Beispiel in Naturkostläden oder im Versandhandel bekommt.

Bei frischen Früchten oder Gewürzkräutern unbedingt darauf achten, daß sie aus biologischem Anbau stammen. Dennoch sollten Sie auch diese Früchte und Kräuter vor dem Gebrauch kurz abwaschen, um eventuelle kleinere Rückstände, die durch sauren Regen oder Abgase bedingt sind, zu entfernen.

Was man vor dem Sammeln wissen muß

Viele Heilkräuter findet man natürlich auch in freier Natur. Man muß nur mit wachsamen Augen durch Wald und Wiese gehen, dann kann man etliche Kräuter entdecken, aus denen sich gesunde und wohlschmeckende Tees bereiten lassen. Doch vor dem Sammeln sollten Sie einige Punkte beachten.

Sind Sie sich absolut sicher, daß die Pflanze auch die richtige ist? Wenn nicht, lassen Sie lieber die Finger davon. Es gibt eine ganze Reihe von Pflanzen, die sich ähneln, die aber in der Wirkung sehr unterschiedlich, nicht selten sogar giftig sein können. Bevor Sie eine Pflanze verwenden, lassen Sie sich lieber von Fachleuten beraten.

Können Sie davon ausgehen, daß die Pflanze auch wirklich weitgehend unbelastet und schadstoffrei ist? Denn leider sind Pflanzen, die am Straßenrand oder in der Nähe von Industrieanlagen oder kunstdüngerträchtigen Feldern wachsen, nicht immer zur Tee-

bereitung geeignet. Bevor Sie solche Pflanzen pflücken, besorgen Sie sich lieber unbelastete Kräuter in Apotheken und Teeläden oder pflanzen Sie selbst welche an.
Wissen Sie ganz sicher, welche Pflanzen so giftig sind, daß sie auf keinen Fall etwas in Ihrer Hausapotheke zu suchen haben? Sonst kann es Ihnen leicht passieren, daß Sie beim Zubereiten Ihrer Hausmittel in höchste Gefahr geraten.
Informieren Sie sich über Pflanzen, die unter Naturschutz stehen. Denn geschützte Heilpflanzen dürfen Sie auf keinen Fall sammeln.
Wissen Sie, in welchen Monaten die gesuchte Heilpflanze am besten zu pflücken ist? Es hat wenig Sinn, wenn Sie einfach auf Verdacht sammeln, denn so kann es leicht passieren, daß die Wirkstoffe noch nicht oder nicht mehr den gewünschten Heileffekt erzielen. Machen Sie sich gegebenenfalls einen Kalender, der auf einen Blick über die beste Erntezeit informiert.
Wissen Sie, welcher Teil der Heilpflanze die größte Heilkraft besitzt? Es nützt wenig, wenn Sie Blüten und Blätter von Pflanzen sammeln, deren größte Wirkungskraft in den Wurzeln steckt. Ebenso ist es unsinnig, Pflanzen mit den Wurzeln auszureißen. Damit bringen Sie sich und andere Sammler nur um die Ernte im nächsten Jahr und gefährden möglicherweise den Bestand der Pflanze in freier Natur. Falls Sie die Wurzeln einer Heilpflanze für Ihre Hausapotheke benötigen, kaufen Sie diese in der Apotheke. Dort werden Pflanzenwurzeln aus Anbaukulturen verkauft.
Wenn Sie wirklich Interesse am Sammeln von Pflanzen und Kräutern haben, informieren Sie sich am besten bei Naturschutzvereinen oder im Kursverzeichnis der Volkshochschule über Kräutersammelkurse.

Tips zum Sammeln von Kräutern

Ernten Sie grundsätzlich nur frisch und gesund aussehende Kräuter. Die Pflanzen sollten auch nicht von Schimmel befallen, von Insekten angefressen oder sonst irgendwie beschädigt sein.

Sortieren Sie beim Sammeln nach den einzelnen Arten. Damit ersparen Sie sich später das mühsame Verlesen.
Zum Sammeln von Heilkräutern eignet sich am besten ein Korb. Vermeiden Sie Plastikbehälter, diese sind für Kräuter ungeeignet.
Heilkräuter sammelt man nicht bei Nebel und nicht an Regentagen, da die Pflanzen sonst zuviel Feuchtigkeit enthalten. Auch nach einer langen Trockenperiode sollten Sie nicht zum Sammeln gehen, da sich dann weniger Wirkstoffe in den Pflanzen befinden. Die beste Zeit ist an sonnigen Vormittagen, denn starke Sonneneinstrahlung über viele Stunden hinweg verringert den Anteil der in den Pflanzen enthaltenen ätherischen Öle.
Sammeln Sie nicht mehr Pflanzen, als Sie verarbeiten können bzw. voraussichtlich in einem Jahr verbrauchen werden.
Wer Lust auf das Sammeln von Pflanzen in freier Natur bekommt, sollte sich einen Plan anlegen, an welchem Standort und zu welchem Zeitpunkt welche Pflanzen vorzufinden sind und wann man sie am besten ernten sollte. Vielleicht können Sie ja Nachbarn, Bekannte oder Freunde anregen, ebenfalls zu sammeln. Geteiltes Hobby macht doppelten Spaß!

Tips zum Trocknen

In früheren Zeiten mußte man Kräuter unbedingt trocknen, um sie über einen längeren Zeitraum hinweg nutzen zu können. Heute kann man die meisten Gewürzkräuter, die auch in der Küche Verwendung finden, in der Gefriertruhe aufbewahren, wenn man noch nicht weiß, welche Menge man für Tees braucht und welche Portion für das Würzen in der Küche.
Heilpflanzen jedoch vertragen die Aufbewahrung in Tiefkühltruhen nicht und müssen sofort schonend getrocknet werden.
Vorher aber schütteln Sie die Zweige heftig aus, damit versteckte Insekten herausfallen. Beschädigte Blätter müssen unbedingt aussortiert werden, Blüten sind von holzigen Pflanzenteilen zu befreien. Zwar ist es am besten, wenn man die Pflanzen vor dem

Trocknen nicht waschen muß, doch in Gebieten mit höherer Luftverschmutzung ist es angebracht, die Pflanzen kurz unter einem weich fließenden Wasserstrahl zu reinigen. Anschließend schüttelt man sie aus und tupft sie mit Küchenkrepp ab. Wurzeln sind vor dem Trocknen in Wasser einzutauchen und mit einer feinen Bürste von der Erde zu reinigen. Dicke Wurzeln schneidet man danach in Streifen.

Beim Trocknen gibt es natürlich auch einige Punkte, die Sie beachten sollten:

Heilkräuter sollte man nicht in der Sonne trocknen und auch nicht zu nahe am Ofen.

Der Trockenplatz sollte – außer es ist anders angegeben – nicht zugig sein, aber gut durchlüftet.

Die besten Plätze sind ein gut belüfteter, geruchsfreier Kellerraum oder ein trockener Dachboden.

Garten- und wildwachsende Kräuter trocknet man am besten ausgebreitet auf großen Tabletts oder schnürt sie zu Bündeln zusammen und hängt sie an einem Gestell auf.

Heilpflanzen sollten in nur einer Schicht auf dem Tablett ausgelegt werden.

Damit die Pflanzen nicht verstauben, kann man sie lose mit Mull abdecken.

Während der Trocknung die Pflanzen öfter umdrehen und die eventuell feucht gewordene Unterlage wechseln oder abtrocknen.

Die Tabletts oder die Gestelle kann man in der Nähe des Ofens aufstellen, aber nicht zu nahe, damit sie nicht zu heiß werden.

Die Pflanzen müssen knisternd trocken, aber noch grün sein. Wenn sie braun werden, war die Hitze zu groß, was sowohl den Geschmack wie auch die Heilwirkung etwas beeinträchtigt. Blüten knistern, wenn sie trocken sind, Blätter sind spröde, Stiele brüchig und unbiegsam, Rinden und Wurzeln sollten in getrocknetem Zustand leicht zerspringen.

Im Sommer müßten Blüten nach fünf Tagen, Wurzeln nach zwei Wochen trocken sein. Im Herbst kann sich die Trocknungszeit auf das Doppelte verlängern.

Wenn Sie nicht genügend Platz für das Trocknen haben, können Sie die Kräuter zur Not auch im Backofen bei 30 bis maximal 35° Celsius trocknen.
Nach dem Trocknen die Pflanzen in kleine Teile brechen oder durch Zerreiben zerkleinern.

Tips zum Aufbewahren

Zumeist sind Licht und Sauerstoff für die Verminderung der Wirkstoffe in Heilkräutern verantwortlich. Bewahren Sie daher alle Zutaten in dunklen, gut verschließbaren Behältern und an einem kühlen Ort auf. Werden Kräuter oder Früchte im Laufe der Aufbewahrungszeit feucht, müssen sie unbedingt rasch wieder getrocknet werden, da sie sonst modrig oder gar schimmlig werden können. Im Lauf der Zeit büßen Früchte und Kräuter an Wirksamkeit ein. Daher ist es ratsam, sie innerhalb eines Jahres zu verbrauchen. Notieren Sie auf den Behältern jeweils das Datum des Einlagerns. Wichtig ist auch die Kennzeichnung der Aufbewahrungsgefäße. Viele getrocknete Kräuter kann man mit bloßem Auge nur schwer voneinander unterscheiden.
Es ist auch sehr informativ, zu notieren, wer wann und wie oft derartige Tees getrunken hat, bei welchen Beschwerden und wie schnell die Heilmittel geholfen haben.

Anmerkung zum Selbstanbau von Kräutern

Kräuter sind von allen Nutzpflanzen am einfachsten anzubauen. Sie wachsen schnell, können in einer Saison eventuell sogar mehrmals ausgesät werden, brauchen im Garten oder auf dem Balkon wenig Platz und sind außerdem pflegeleicht. Die meisten Kräuter fühlen sich in Blumenerde ganz wohl.

Anregende Teemischungen für den täglichen Genuß

Durstlöschender Tee I

40 g *Brombeerblätter*
20 g *Himbeerblätter*
20 g *Hagebuttenfrüchte*
20 g *Hibiskusblüten*

Jeweils einen Teelöffel der Mischung mit einer Tasse kochendem Wasser übergießen und zehn Minuten ziehen lassen, dann abseihen.

Durstlöschender Tee II

60 g *Apfelstücke*
20 g *Vanilleschotenstücke*
20 g *Zimtrinde*

Einen knappen Teelöffel der Mischung mit einer Tasse kochendem Wasser übergießen und zehn Minuten ziehen lassen, dann abseihen.

Durstlöschender Tee III

5 Teelöffel Rooibuschtee
2 Eßlöffel Orangenschalen
2 Teelöffel Zitronengras (Sereh; gibt es in Asienläden als Pulver)

Eineinhalb Teelöffel der Mischung mit einer Tasse kochendem Wasser übergießen und acht Minuten ziehen lassen, dann abseihen. Noch besser ist es, die Mischung in einem Teefilter oder einem Teestrumpf zuzubereiten, da das Serehpulver den Tee sonst etwas trübt.

Anregender Frühstückstee I

35 g Brombeerblätter
35 g Himbeerblätter
30 g Rosmarinblätter

Einen knappen Teelöffel der Mischung mit einer Tasse kochendem Wasser übergießen und sechs bis acht Minuten ziehen lassen, dann abseihen.

Anregender Frühstückstee II

40 g Melissenblätter
30 g Eisenkraut
30 g Schlüsselblumenblüten

Einen Teelöffel der Mischung mit einer Tasse kochendem Wasser übergießen und fünf Minuten ziehen lassen, dann abseihen.

Erfrischender Frühstückstee

30 g Hagebutten
30 g Hibiskusblüten
15 g Melissenblätter
15 g Pfefferminzblätter
10 g Spierstaudenblätter (Mädesüß)

Einen Teelöffel der Mischung mit einer Tasse kochendem Wasser übergießen und vier Minuten ziehen lassen, dann abseihen.

Kreislaufanregender Tee

35 g Brombeerblätter
35 g Himbeerblätter
30 g Rosmarinblätter

Einen Teelöffel dieser Mischung mit einer Tasse kochendem Wasser übergießen und acht bis zehn Minuten ziehen lassen.

Teemischungen zur allgemeinen Stärkung

Tees für die Frühjahrs- und Herbstentschlackung

Eine geeignete Teekur sollte ein bis zwei Wochen lang durchgeführt werden. Allerdings bei Herz- und Nierenproblemen und auch während der Schwangerschaft vor Entschlackungskuren unbedingt den Arzt konsultieren!

Abwehrsteigernder Tee

25 g *Melissenblätter*
25 g *Pfefferminzblätter*
25 g *Hagebuttenfrüchte*
25 g *Lindenblüten*

Eineinhalb Teelöffel der Mischung mit einer Tasse kochendem Wasser übergießen und acht bis zehn Minuten ziehen lassen, dann abseihen.
Anwendung: Eine Tasse pro Tag trinken.

Erkältungsvorbeugender Tee I

35 g schwarze Johannisbeeren
35 g Hagebuttenfrüchte
30 g Hibiskusblüten

Eineinhalb Teelöffel dieser Mischung mit einer Tasse kochendem Wasser übergießen und zehn Minuten ziehen lassen, dann abseihen.
Anwendung: Eine Tasse pro Tag trinken.

Erkältungsvorbeugender Tee II

25 g Brombeerblätter
25 g Hagebutten
25 g Himbeerblätter
25 g Lindenblüten

Einen Teelöffel der Mischung mit einer Tasse kochendem Wasser übergießen und sechs bis acht Minuten ziehen lassen, dann abseihen.
Anwendung: Eine Tasse pro Tag trinken.

Kräftigender und nervenausgleichender Tee

30 g Melissenblätter
30 g Pfefferminzblätter
20 g Bockshornkleesamen (Trigonella foenum graecum; *auch Griechisches Heu)*

Einen Teelöffel der Mischung mit einer Tasse kochendem Wasser übergießen und acht bis zehn Minuten ziehen lassen, dann abseihen.
Anwendung: Zwei Wochen lang täglich drei Tassen trinken.

Reinigender und stoffwechselfördernder Tee

25 g Brennesselblätter
25 g Holundertriebe
25 g Löwenzahnblätter
25 g Schlüsselblumenblüten

Eineinhalb Teelöffel der Mischung mit einer Tasse kochendem Wasser übergießen und sechs Minuten ziehen lassen, dann abseihen.
Anwendung: Eine Woche lang täglich zwei Tassen trinken.

Stoffwechselanregender, entwässernder Tee

25 g Birkenblätter,
25 g Brennesselkraut,
25 g Hagebuttenfrüchte
25 g Löwenzahnkraut und -wurzel

Einen Teelöffel der Mischung mit einer Tasse kochendem Wasser übergießen und zehn Minuten ziehen lassen, dann abseihen. *Anwendung:* Zehn bis vierzehn Tage lang je zwei Tassen täglich trinken.

Anwendung von gesundheitsfördernden Tees

Wichtig! Zwar ist die Anwendung von Kräuter- und auch manchen Früchtetees zur Gesundheitsförderung zum Teil seit Jahrhunderten erprobt, dennoch sollte man nicht planlos alles mögliche ausprobieren. Generell gilt: Während der Schwangerschaft, bei Allergieanfälligkeit, höherem Fieber, stärkeren Beschwerden, chronischen Krankheiten oder unklaren Gesundheitsproblemen sollte man sich unbedingt mit einem Arzt oder Heilpraktiker in Verbindung setzen, bevor man zur »Selbsthilfe« durch Tees greift. Auch ist es unbedingt notwendig, den Arzt zu befragen, bevor man an Kindern mit Tees herumexperimentiert.

Nachstehend sind einige erprobte Teemischungen für diverse Beschwerden aufgeführt, die sich als hilfreich und anwendungsfreundlich bewährt haben. Doch Wunder sollte man auch in diesen Fällen nicht erwarten, denn diese Tees unterstützen und stärken zwar auf sanfte Art den Organismus, können aber eine ärztliche Behandlung oder wichtige Medikamente nicht ersetzen. Auch sollte man Kräutertees nicht dauerhaft anwenden. Denn entweder läßt deren Wirkung im Lauf der Zeit nach oder sie verursachen auf Dauer andere Beschwerden.

Treten nach dem Absetzen des oder der Tees die alten Beschwerden wieder auf, suchen Sie bei ihrem Arzt oder Apotheker Rat.

Es ist auf alle Fälle sinnvoll, den Hausarzt oder Heilpraktiker darüber zu informieren, daß man sich selbst mit diversen Tees behandeln möchte. Setzen Sie Ihre »Hausmittel« sofort ab, wenn Ihre Haut allergisch reagiert oder Sie unter Übelkeit, Durchfall, Fieber oder Magenschmerzen leiden. Sollten diese Beschwerden nicht maximal zwei Tage nach dem Absetzen des oder der Tees vorbei sein, begeben Sie sich sofort in ärztliche Behandlung.

Es kommt natürlich nur sehr selten vor, daß man durch die Verwendung von Heilkräutern erkrankt. Sollten Sie nach der Einnahme von bislang noch nicht verwendeten Kräutern oder geänderten Rezepturen beispielsweise hohes Fieber, starke Schmerzen, einen Ausschlag am ganzen Körper oder Atemnot bekommen, rufen Sie sofort Ihren Arzt oder einen Notdienst an!

Teemischungen gegen Akne

Bei dem meist in der Pubertät auftretenden Ausschlag entzünden sich die Gänge verstopfter Talgdrüsen. Die Hauptursache ist zwar die vermehrte Bildung von geschlechtstypischen Hormonen, doch hilft in dieser Phase oft auch eine Umstellung der Ernährungsgewohnheiten. Vor allem den Genuß von Schweinefleisch, Mehlspeisen, Schokolade, Fett und scharfen Gewürzen sollte man während dieser Phase erheblich reduzieren.

Reinigender, reizlindernder Tee I

25 g Arnikablüten
25 g Hirtentäschelkraut
25 g Kamille
25 g Stiefmütterchenkraut

Einen Teelöffel der Mischung mit einer Tasse kochendem Wasser übergießen und sechs bis acht Minuten ziehen lassen, dann abseihen.
Anwendung: Drei Tassen pro Tag trinken.

Reinigender, reizlindernder Tee II

25 g Löwenzahnkraut und -wurzel
25 g Stiefmütterchenkraut
20 g Brennesselblätter
20 g Walnußblätter
10 g Erdrauchkraut (Fumaria officinalis;
auch Tauben- oder Katzenkerbel)

Einen halben Teelöffel der Mischung mit einer Tasse kochendem Wasser übergießen und fünf Minuten ziehen lassen, dann abseihen.
Anwendung: Zwei bis drei Wochen lang drei Tassen pro Tag jeweils nach den Mahlzeiten trinken.

Reinigender, reizlindernder Tee III

30 g Fenchel
30 g Löwenzahnkraut
20 g Kamille
20 g Stiefmütterchenkraut

Einen Teelöffel der Mischung mit einer Tasse kochendem Wasser übergießen und zehn Minuten ziehen lassen, dann abseihen.
Anwendung: Drei bis vier Tassen pro Tag trinken.

Teemischungen gegen Appetitlosigkeit

Appetitlosigkeit ist oft eine Begleiterscheinung von psychischen oder physischen Störungen. Sie kann jedoch auch ein Hinweis auf eine beginnende akute Erkrankung oder nervöse Erschöpfung sein. Man sollte sich vorsichtshalber durchchecken lassen. Liegt kein ernster Hintergrund vor, kann man den Appetit zum Beispiel mit kandierten Ingwerstückchen als Vorspeise oder mit Ingwer als Gewürz in den Mahlzeiten anregen. Außerdem sind, anstelle des Ingwernaschens oder als Unterstützung, einige Teemischungen recht hilfreich.

Appetitanregender Tee I

35 g Kamille
35 g Schafgarbenkraut
30 g Tausendgüldenkraut

Einen Teelöffel der Mischung mit einer Tasse kochendem Wasser übergießen und sechs bis acht Minuten ziehen lassen, dann abseihen.
Anwendung: Drei Tassen pro Tag trinken.

Appetitanregender Tee II

20 g Brennesselblätter
20 g Melissenblätter
20 g Pfefferminze
20 g Tausendgüldenkraut
20 g Wermutkraut

Einen halben Teelöffel der Mischung mit einer Tasse kochendem Wasser übergießen und sechs Minuten ziehen lassen, dann abseihen.
Anwendung: Drei Tassen pro Tag jeweils gut eine halbe Stunde vor den Mahlzeiten trinken.

Appetitanregender Tee III

40 g Salbeiblätter
35 g Wermut
25 g Senfkörner

Einen Teelöffel der Mischung mit einer Tasse kochendem Wasser übergießen und zehn Minuten ziehen lassen, dann abseihen.
Anwendung: Mit etwas Zitronensaft und einem Teelöffel Honig vermischen und eine Stunde vor jeder Mahlzeit eine Tasse trinken.

Teemischungen gegen Asthma

Asthma kann nach einer Grippe, einer länger andauernden Bronchitis oder einer Lungenentzündung auftreten. Manchmal liegt eine allergische Überempfindlichkeit gegen Hausstaub, gegen Pflanzen oder ein geschwächtes Abwehrsystem zugrunde oder es kann durch psychische Ursachen, aber auch durch Vererbung ausgelöst werden. Typisch für Asthma sind häufigere Anfälle von Atemnot, einhergehend mit schwerem Atmen, pfeifendem Atemgeräusch, Schweiß- und Angstausbrüchen und einem heftigen Ringen nach Luft. Mit nachstehenden Rezepten kann eine Linderung herbeigeführt werden.

Entspannender Tee

20 g Baldrian
20 g Eibisch
20 g Holunderblüten
20 g Spitzwegerichblätter
20 g Thymian

Einen Teelöffel der Mischung mit einer Tasse kochendem Wasser übergießen und acht bis zehn Minuten ziehen lassen, dann abseihen.
Anwendung: Zwei bis drei Tassen pro Tag trinken.

Krampflösender Tee

25 g *Gänsefingerkraut*
25 g *Sonnentaukraut* (Drosera rotundifolia)
25 g *Spitzwegerichblätter*
25 g *Thymian*

Einen Teelöffel der Mischung mit einer Tasse kochendem Wasser übergießen und acht bis zehn Minuten ziehen lassen, dann abseihen.
Anwendung: Zwei Tassen pro Tag trinken.

Lindernder Tee I

40 g *Eibisch*
30 g *Thymian*
30 g *Ysop*

Einen Teelöffel der Mischung mit einer Tasse kochendem Wasser übergießen und acht bis zehn Minuten ziehen lassen, dann abseihen.
Anwendung: Drei Tassen pro Tag trinken.

Lindernder Tee II

40 g *Eukalyptusblätter*
30 g *Malvenblüten*
30 g *Pfefferminze*

Einen Eßlöffel der Mischung mit einer Tasse kochendem Wasser übergießen und zehn Minuten ziehen lassen, dann abseihen.
Anwendung: Zwei Tassen pro Tag trinken.

Lindernder Tee III

45 g Bibernelle
40 g Gänsefingerkraut
15 g Raute

Einen Teelöffel der Mischung mit einer Tasse kochendem Wasser übergießen und acht bis zehn Minuten ziehen lassen, dann abseihen.
Anwendung: Drei Tassen pro Tag trinken.

Teemischungen gegen Blasen- und Nierenleiden

Bei Erkrankungen von Blase oder Nieren sollte man auf jeden Fall einen Arzt konsultieren. Da sie zu den wichtigsten Entgiftungsorganen unseres Körpers gehören, kann eine Störung von Blase oder Nieren durchaus lebensgefährliche Auswirkungen haben.

Kräftigender Tee

35 g Ackerschachtelhalm (Zinnkraut)
35 g Petersilienfrüchte
30 g Thymian

Zwei Teelöffel der Mischung mit einer Tasse kochendem Wasser übergießen und fünfzehn bis zwanzig Minuten ziehen lassen, dann abseihen.
Anwendung: Zwei Tassen pro Tag trinken.

Lindernder Tee

25 g Brennesselblätter
25 g Hagebutten
25 g Stiefmütterchen
25 g Taubnessel

Einen viertel Teelöffel der Mischung mit einer Tasse kochendem Wasser übergießen und acht bis zehn Minuten ziehen lassen, dann abseihen.
Anwendung: Eine bis maximal zwei Tassen pro Tag trinken.

Wassertreibender Tee

Je 25 g Hauhechel-
Liebstöckel- und Süßholzwurzel
25 g Wacholderbeeren

Einen Teelöffel der Mischung mit einer Tasse kochendem Wasser übergießen und acht bis zehn Minuten ziehen lassen, dann abseihen.
Anwendung: Zwei Tassen pro Tag trinken.

Teemischungen gegen Bronchitis und Husten

Häufig sind Bronchitis und Husten unangenehme Begleiter eines grippalen Infekts, denen man aber durchaus mit einigen altbewährten Hausmitteln zu Leibe rücken kann. Es gibt Tees, die das Abhusten deutlich erleichtern und den Körper widerstandsfähiger gegen diese Erkältungskrankheiten machen.

Kräftigender Tee

25 g Alantwurzel
25 g Isländisch Moos
25 g Lungenkraut
25 g Spitzwegerichblätter

Einen Teelöffel der Mischung mit einer Tasse Wasser erhitzen, zehn Minuten leise köcheln, danach weitere zehn Minuten ziehen lassen und abseihen.
Anwendung: Drei Tassen pro Tag trinken.

Krampflösender Tee

50 g Alantwurzel
35 g Thymian
15 g Primelwurzel (Schlüsselblumenwurzel;
Radix primulae*)*

Einen Teelöffel der Mischung mit einer Tasse kaltem Wasser bis zum Sieden erhitzen und eine Minute ziehen lassen, dann abseihen.
Anwendung: Drei Tassen pro Tag trinken.

Reizmildernder Tee I

20 g *Alantwurzel*
20 g *Anis*
20 g *Eibischwurzel*
20 g *Süßholzwurzel*
20 g *Thymian*

Einen Teelöffel der Mischung mit einer Tasse kochendem Wasser übergießen und fünfzehn Minuten leise köcheln lassen, dann abseihen.
Anwendung: Zwei Tassen pro Tag trinken.

Reizmildernder Tee II

30 g *Alantwurzel*
30 g *Efeublätter* (Hedera helix)
30 g *Stiefmütterchenkraut*

Zwei Teelöffel der Mischung mit einer Tasse kochendem Wasser übergießen und zehn Minuten ziehen lassen, dann abseihen.
Anwendung: Drei Tassen pro Tag trinken.

Reizmildernder Tee III

25 g *Andornkraut*
25 g *Eukalyptusblätter*
25 g *Holunderblüten*
25 g *Ysop*

Eineinhalb Teelöffel der Mischung mit einer Tasse kochendem Wasser übergießen und zehn Minuten ziehen lassen, dann abseihen.
Anwendung: Drei Tassen pro Tag trinken.

Schleimlösender Tee

50 g *Primelwurzel (Schlüsselblumenwurzel;* Radix primulae)
20 g *Malvenblätter*
15 g *Anis*
15 g *Fenchel*

Einen Teelöffel der Mischung mit einer Tasse kochendem Wasser übergießen und zehn Minuten ziehen lassen, dann abseihen.
Anwendung: Drei Tassen pro Tag trinken.

Schweißtreibender Tee

40 g *Lindenblüten*
30 g *Anis*
30 g *Thymian*

Zwei Teelöffel der Mischung mit einer Tasse kochendem Wasser übergießen und zehn Minuten ziehen lassen, dann abseihen.
Anwendung: Vier bis fünf Tassen pro Tag trinken.

Tee gegen chronische Beschwerden bei Husten und Bronchitis

20 g *Alantwurzel*
20 g *Anis*
20 g *Kastanienblätter* (Folia castaneae)
20 g *Spitzwegerich*
20 g *Süßholzwurzel*

Einen Teelöffel der Mischung mit einer Tasse kaltem Wasser aufsetzen, erhitzen und drei Minuten leise köcheln, anschließend fünf Minuten ziehen lassen, dann abseihen.
Anwendung: Drei Tassen pro Tag trinken.

Husten- und Bronchialtee für Kinder

60 g *Malvenblüten und -blätter*
40 g *Primelwurzel (Schlüsselblume;* Radix primulae*)*

Einen Teelöffel der Mischung mit einer Tasse kochendem Wasser übergießen und acht bis zehn Minuten ziehen lassen, dann abseihen.
Anwendung: Mit etwas Honig gesüßt zwei Tassen pro Tag trinken.

Teemischungen gegen Erkältung und Grippe

Schnupfen an sich ist schon recht unangenehm, wenn auch überwiegend harmlos. Es gibt zum Glück einige Teemischungen, die Linderung verschaffen. Jedoch kann es immer wieder vorkommen, daß Krankheitserreger bis in die Kiefernebenhöhlen oder Stirnhöhlen geraten. Dann ist es meist notwendig, den Arzt aufzusuchen.
Tritt bei Erkältungskrankheiten Fieber auf, braucht man es nicht gleich mit Medikamenten zu bekämpfen. Immerhin ist es eine natürliche Reaktion unseres Körpers auf die verschiedensten Krankheiten, die viele wärmeempfindliche Krankheitserreger abtöten kann. Wer aber Probleme mit dem Kreislauf bekommt, sich sehr schwach fühlt oder über 39° Celsius Fieber bekommt, sollte den Arzt rufen. Das gilt selbstverständlich erst recht für Kinder.

Entzündungshemmender Tee

35 g Kamillenblüten
35 g Lindenblüten
30 g Malvenblüten

Zwei Teelöffel der Mischung mit einer Tasse kochendem Wasser übergießen und acht Minuten ziehen lassen, dann abseihen.
Anwendung: Drei Tassen pro Tag trinken.

Kräftigender Tee

40 g Hagebutten
20 g Kamillenblüten
20 g Lindenblüten
20 g Melissenblätter

Zwei Teelöffel der Mischung mit einer Tasse kochendem Wasser übergießen und fünfzehn Minuten ziehen lassen, dann abseihen.
Anwendung: Vier bis fünf Tassen pro Tag trinken.

Lindernder Tee I

30 g Schafgarbe
30 g Spitzwegerich
25 g Zinnkraut (Ackerschachtelhalm)
15 g Wermutkraut

Eineinhalb Teelöffel der Mischung mit einer Tasse kochendem Wasser übergießen und sechs bis acht Minuten ziehen lassen, dann abseihen.
Anwendung: Drei Tassen pro Tag trinken.

Lindernder Tee II

35 g Malvenblüten
35 g Pfefferminze
30 g Schlüsselblumenkraut

Einen Teelöffel der Mischung mit einer Tasse kochendem Wasser übergießen und zehn Minuten ziehen lassen, dann abseihen.
Anwendung: Drei Tassen pro Tag trinken.

Schmerzlindernder Tee

30 g Holunderblüten
30 g Lindenblüten
20 g Weidenrinde
10 g Hagebutten
10 g Mädesüß

Zwei Teelöffel der Mischung mit einer Tasse kochendem Wasser übergießen und zehn Minuten ziehen lassen, dann abseihen.
Anwendung: Drei Tassen pro Tag jeweils nach den Mahlzeiten trinken.

Schweißtreibender Tee I

50 g Holunderblüten
50 g Lindenblüten

Zwei Teelöffel der Mischung mit einer Tasse kochendem Wasser übergießen und zehn Minuten ziehen lassen, dann abseihen.
Anwendung: Vier bis fünf Tassen pro Tag trinken.

Schweißtreibender Tee II

25 g Holunderblüten
25 g Kamillenblüten
25 g Lindenblüten
25 g Thymian

Einen Teelöffel der Mischung mit einer Tasse kochendem Wasser übergießen und zehn Minuten ziehen lassen, dann abseihen.
Anwendung: Drei Tassen pro Tag nach den Mahlzeiten trinken.

Schweißtreibender Tee III

50 g Lindenblüten
25 g Eukalyptusblätter
25 g Salbei

Einen Eßlöffel der Mischung mit einer Tasse kochendem Wasser übergießen und zehn Minuten ziehen lassen, dann abseihen.
Anwendung: Drei Tassen pro Tag trinken.

Abwehrsteigernder Erkältungstee für Kinder

50 g Hagebutten
25 g Holunderblüten
25 g Lindenblüten

Einen halben Teelöffel der Mischung mit einer Tasse kochendem Wasser übergießen und acht bis zehn Minuten ziehen lassen, dann abseihen.
Anwendung: Mit Honig süßen, drei Tassen pro Tag trinken.

Fiebersenkender Erkältungstee für Kinder

30 g Hagebutten
30 g Lindenblüten
20 g Kamille
20 g Melissenblätter

Eineinhalb Teelöffel der Mischung mit einer Tasse kochendem Wasser übergießen und acht bis zehn Minuten ziehen lassen, dann abseihen.
Anwendung: Mit Honig süßen, zwei bis drei Tassen pro Tag trinken.

Teemischungen gegen Herz- und Kreislaufbeschwerden

Bei Herz- und Kreislaufbeschwerden sollten Sie unbedingt einen Arzt oder Heilpraktiker konsultieren, ehe Sie versuchen, mit Tees oder irgendwelchen anderen Mitteln zu experimentieren. Denn es kann sich dabei um sehr ernste Krankheiten handeln. Erst nach Absprache mit Ihrem Arzt sollten Sie selbst tätig werden, um zum Beispiel mit gesünderer Ernährung, ausreichender, aber nicht übertriebener Bewegung sowie der Reduzierung von Fetten und Zucker Ihre diesbezüglichen Beschwerden in den Griff zu bekommen. Vor allem nervöse Unruhe, Streß, Herzklopfen und schnelles Ermüden lassen sich mit Hilfe von Teemischungen durchaus positiv beeinflussen. Aber wie erwähnt, auf alle Fälle erst den Arzt befragen!

Tee zur Reduzierung von leichtem Bluthochdruck

35 g Melissenblätter
35 g Mistelkraut
35 g Weißdornblätter und -blüten

Zwei Teelöffel der Mischung mit einer Tasse kochendem Wasser übergießen und zehn Minuten ziehen lassen, dann abseihen.
Anwendung: Morgens und abends je eine Tasse pro Tag trinken. Nach einem Monat zwei Wochen pausieren.

Tee gegen zu niedrigen Blutdruck

60 g Orangenschale
20 g Wermutkraut
20 g Zimtrinde
15 g Tausendgüldenkraut

Einen Teelöffel der Mischung mit einer Tasse kaltem Wasser aufsetzen und fünf Minuten kochen lassen, dann abseihen.
Anwendung: Vier Wochen lang jeweils morgens und mittags eine Tasse trinken.

Durchblutungsfördernder Tee

25 g Gartenrautenkraut (Ruta graveolens)
25 g Johanniskraut
25 g Löffelkraut (Cochlearia officinalis)
25 g Rosmarin

Einen Eßlöffel der Mischung mit einer Tasse kochendem Wasser übergießen und zehn Minuten ziehen lassen, dann abseihen.
Anwendung: Rund drei Wochen lang ein bis zwei Tassen pro Tag trinken.
Achtung: Eine gesteigerte Lichtempfindlichkeit ist bei diesem Tee möglich.

Ausgleichender Tee bei nervösen Beschwerden

30 g *Andornkraut*
30 g *Melissenblätter*
20 g *Rautenblätter* (Ruta graveolens)
20 g *Minzblätter*

Einen Eßlöffel der Mischung mit einer Tasse kochendem Wasser übergießen und acht bis zehn Minuten ziehen lassen, dann abseihen.
Anwendung: Zwei Tassen pro Tag trinken.

Beruhigender Tee

35 g *Melissenblätter*
35 g *Weißdornblüten und -blätter*
30 g *Baldrianwurzel*

Einen Teelöffel der Mischung mit einer Tasse kochendem Wasser übergießen und zehn Minuten ziehen lassen, dann abseihen.
Anwendung: Zwei Tassen pro Tag trinken.

Tee zum Einschlafen

25 g Baldrianwurzel
25 g Hopfenzapfen
25 g Melissenblätter
25 g Schafgarbenkraut

Eineinhalb Teelöffel der Mischung mit einer Tasse kochendem Wasser übergießen und zehn Minuten ziehen lassen, dann abseihen.
Anwendung: Nach dem Abendessen und vor dem Zubettgehen je eine Tasse trinken.

Teemischungen gegen Menstruationsbeschwerden

Leiden Frauen kurz vor und während der Periode zum Beispiel unter krampfartigen Schmerzen, Übelkeit, Kopfschmerzen oder depressiven Stimmungen, empfehlen Ärzte häufig chemische Präparate. Doch gegen Menstruationsbeschwerden gibt es eine ganze Reihe von altbewährten Hausmitteln, die die kritischen Tage zumindest erleichtern.

Kopfschmerzlindernder Tee

35 g Eisenkraut
35 g Kamille
30 g Rosmarin

Einen Teelöffel der Mischung mit einer Tasse kochendem Wasser übergießen und zehn Minuten ziehen lassen, dann abseihen.
Anwendung: Bei Bedarf zwei bis drei Tassen pro Tag trinken.

Krampflindernder Tee

35 g Melissenblätter
35 g Pfefferminzblätter
30 g Gänsefingerkraut

Zwei Teelöffel der Mischung mit einer Tasse kochendem Wasser übergießen und acht bis zehn Minuten ziehen lassen, dann abseihen.
Anwendung: Ein bis zwei Tassen pro Tag trinken.

Stark krampflindernder Tee

60 g Gänsefingerkraut
20 g Kamillenblüten
20 g Weiße Taubnesselblüten

Zwei Teelöffel der Mischung mit einer Tasse kochendem Wasser übergießen und zehn Minuten ziehen lassen, dann abseihen.
Anwendung: Bei Bedarf ein bis zwei Tassen pro Tag trinken.

Krampflösender Tee

100 g Schafgarbenkraut

Zwei Teelöffel des Krauts mit einer Tasse kochendem Wasser übergießen und sechs bis zehn Minuten ziehen lassen, dann abseihen.
Anwendung: Mehrmals täglich je eine Tasse schluckweise warm trinken.

Regelschwächender Tee

25 g Ackerschachtelhalm (Zinnkraut)
25 g Schafgarbenkraut
25 g Stiefmütterchenkraut
25 g Weiße Taubnesselblüten

Einen Teelöffel der Mischung mit einer Tasse kochendem Wasser übergießen und knapp zwanzig Minuten ziehen lassen, dann abseihen.
Anwendung: Drei Tage vor Beginn der Periode bis zum Ende jeweils vier Tassen pro Tag trinken.

Schmerzlindernder Tee

25 g Himbeerblätter

Den Tee mit einem halben Liter kochendem Wasser übergießen und acht bis zehn Minuten ziehen lassen, dann abseihen.
Anwendung: Ein paar Tage vor Periodenbeginn einen halben Liter Tee pro Tag trinken.

Tee gegen starke Blutungen

25 g Zinnkraut (Ackerschachtelhalm)
25 g Eichenrinde
25 g Hirtentäschelkraut
25 g Schafgarbenkraut

Zwei Teelöffel der Mischung mit einer Tasse kochendem Wasser übergießen und knapp zwanzig Minuten ziehen lassen, dann abseihen.
Anwendung: Drei Tage vor Beginn der Periode bis zum Ende jeweils vier Tassen pro Tag trinken.

Tee zur Regulierung unregelmäßiger Menstruation

30 g *Melissenblätter*
30 g *Rosmarin*
20 g *Gartenrautenkraut* (Ruta graveolens)
20 g *Kamillenblüten*

Einen Eßlöffel der Mischung mit einer Tasse kochendem Wasser übergießen und zehn Minuten ziehen lassen, dann abseihen.
Anwendung: Zwei Tassen pro Tag trinken, etwa acht Tage vor Eintritt der Periode bis zum Beginn.

Teemischungen gegen Nervenschwäche und Streß

In unserer schnellebigen Zeit sind die Begriffe Hektik, Nervosität, Streß und Unausgeglichenheit zum festen Bestandteil unseres alltäglich angewandten Wortschatzes geworden. Die Ursachen für diese Art Unwohlsein liegen zum Teil an der mangelnden Fähigkeit, sich entspannen zu können, zum Teil an den ständig wachsenden Anforderungen, die im Beruf ebenso wie im Freizeitbereich an uns herangetragen werden. Tees können die Ursachen natürlich nicht beheben, jedoch zumindest dazu beitragen, sich etwas ausgeglichener zu fühlen.

Tee gegen kribbelnde Beine I

70 g Bitterklee (auch Fieberkleee;
Menyanthes trifoliata)
30 g Pfefferminze

Einen Teelöffel der Mischung mit einer Tasse kochendem Wasser übergießen und sechs bis acht Minuten ziehen lassen, dann abseihen.
Anwendung: Drei Tassen pro Tag trinken.

Tee gegen kribbelnde Beine II

100 g Schafgarbe

Eineinhalb Teelöffel der Mischung mit einer Tasse kochendem Wasser übergießen und acht bis zehn Minuten ziehen lassen, dann abseihen.
Anwendung: Abends eine Tasse trinken.

Beruhigender Tee I

20 g Baldrianwurzel
20 g Basilikumkraut
20 g Melissenblätter
20 g Minzblätter
20 g Orangenblüten

Zwei Teelöffel der Mischung mit einer Tasse kochendem Wasser übergießen und acht bis zehn Minuten ziehen lassen, dann abseihen.
Anwendung: Bei Bedarf drei Tassen pro Tag trinken.

Beruhigender Tee II

35 g Dost (Origanum vulgare)
35 g Hopfenzapfen
30 g Kamille

Einen Eßlöffel der Mischung mit einer Tasse kochendem Wasser übergießen und sechs bis acht Minuten ziehen lassen, dann abseihen.
Anwendung: Drei Tassen pro Tag trinken.

Beruhigender Tee III

50 g Melissenblätter
20 g Johanniskraut
20 g Orangenblüten
10 g Hagebuttenfrüchte

Eineinhalb Teelöffel der Mischung mit einer Tasse kochendem Wasser übergießen und fünf Minuten ziehen lassen, dann abseihen.
Anwendung: Zwei bis drei Tassen pro Tag trinken.

Entspannender Tee

50 g Melissenblätter
20 g Hagebuttenfrüchte
20 g Orangenblüten
10 g Hibiskusblüten

Zwei Teelöffel der Mischung mit einer Tasse kochendem Wasser übergießen und acht bis zehn Minuten ziehen lassen, dann abseihen.
Anwendung: Nachmittags und abends je eine Tasse pro Tag trinken.

Kräftigender Tee

40 g Bitterkleeblätter (Menyanthes trifoliata)
30 g Pfefferminzblätter
30 g Rosmarin

Einen Teelöffel der Mischung mit einer Tasse kochendem Wasser übergießen und sechs bis acht Minuten ziehen lassen, dann abseihen.
Anwendung: Nachmittags und abends je eine Tasse pro Tag trinken.

Schlaffördernder Tee I

30 g Lavendel
25 g Melisse
25 g Schafgarbe
15 g Baldrian

Einen Teelöffel der Mischung mit einer Tasse kochendem Wasser übergießen und acht bis zehn Minuten ziehen lassen, dann abseihen.
Anwendung: Abends eine Tasse trinken.

Schlaffördernder Tee II

50 g Baldrian
25 g Heidekraut (Herba callunae)
25 g Melisse

Einen Teelöffel der Mischung mit einer Tasse kochendem Wasser übergießen und acht Minuten ziehen lassen, dann abseihen.
Anwendung: Jeweils abends eine Tasse trinken.

Teemischungen gegen rheumatische Beschwerden und Gicht

Die Ursachen für rheumatische Beschwerden sowie Gicht können überaus vielfältig sein, beispielsweise bislang noch unentdeckte Krankheitsherde im Körper. Eine ärztliche Untersuchung ist daher unbedingt notwendig. Tees können die schmerzhaften Auswirkungen nur lindern. Wenn Sie Probleme mit Herz oder Nieren haben, sollten Sie unbedingt vor Beginn des Teetrinkens ärztlichen Rat einholen.

Blutreinigender Tee

35 g Birkenblätter
35 g Brennesselblätter
30 g Faulbaumrinde

Einen Teelöffel der Mischung mit einer Tasse kochendem Wasser übergießen und acht bis zehn Minuten ziehen lassen, dann abseihen.
Anwendung: Eine Woche lang zwei bis drei Tassen pro Tag trinken.

Entschlackender Tee I

30 g *Mädesüß*
30 g *Weidenrinde*
20 g *Brennesselkraut*
20 g *Zinnkraut (Ackerschachtelhalm)*

Einen Teelöffel der Mischung mit einer Tasse kochendem Wasser übergießen und acht bis zehn Minuten ziehen lassen, dann abseihen.
Anwendung: Drei Tassen pro Tag trinken.

Entschlackender Tee II

50 g *Erdrauchkraut* (Fumaria officinalis;
auch Tauben- oder Katzenkerbel)
30 g *Löwenzahnkraut und -wurzel*
20 g *Schafgarbenkraut*

Einen Teelöffel der Mischung mit einer Tasse kochendem Wasser übergießen und acht bis zehn Minuten ziehen lassen, dann abseihen.
Anwendung: Fünf bis sechs Wochen lang drei Tassen pro Tag trinken.

Entwässernder Tee I

50 g *Birkenblätter*
50 g *Brennesselkraut*

Zwei Eßlöffel der Mischung mit einer Tasse kochendem Wasser übergießen und acht bis zehn Minuten ziehen lassen, dann abseihen.
Anwendung: Eine Woche lang zwei bis drei Tassen pro Tag trinken.

Entwässernder Tee II

60 g *Heidelbeerblätter*
20 g *Bohnenschalen*
20 g *Brennesselkraut*

Zwei Teelöffel der Mischung mit einer Tasse kochendem Wasser übergießen und acht bis zehn Minuten ziehen lassen, anschließend abseihen.
Anwendung: Eine Tasse pro Tag trinken.

Stoffwechselfördernder Tee

30 g *Löwenzahnwurzel*
20 g *Birkenblätter*
20 g *Brennesselblätter*
20 g *Teufelskrallenwurzel* (Phyteuma spicatum)

Einen halben Teelöffel der Mischung mit einer Tasse kochendem Wasser übergießen und zehn Minuten ziehen lassen, dann abseihen.
Anwendung: Jeweils eine Tasse etwa eine halbe Stunde nach dem Mittag- und Abendessen trinken.

Teemischungen gegen Schlafstörungen

Rund ein Drittel aller Erwachsenen leidet unter mehr oder weniger drastischen Schlafstörungen. Die meisten von ihnen können nicht ein- bzw. durchschlafen oder wachen frühmorgens vorzeitig auf. Die Ursachen können vielfältiger Natur sein, zum Beispiel überreichlicher Genuß von Kaffee oder Alkohol, nervliche Überbelastung oder Verdrängung von Problemen. Bei Schlafstörungen vorübergehender Natur helfen einige Teemischungen. Aber wie bei allen Kräutertees gilt auch hier das Prinzip: Keine Daueranwendung – wenn das Einschlafen nicht nach drei bis vier Wochen besser funktioniert, suchen Sie Rat bei Medizinern!

Schlaffördernder Tee I

20 g *Apfelschalen*
20 g *Eisenkraut*
20 g *Melissenblätter*
20 g *Orangenblüten*
20 g *Schlüsselblumenblüten*

Einen Teelöffel der Mischung mit einer Tasse kochendem Wasser übergießen und zehn Minuten ziehen lassen, dann abseihen.
Anwendung: Vor dem Schlafengehen eine Tasse pro Tag trinken.

Schlaffördernder Tee II

25 g *Hopfenzapfen*
25 g *Johanniskraut*
25 g *Lavendelblüten*
25 g *Schlüsselblumenblüten*

Einen Teelöffel der Mischung mit einer Tasse kochendem Wasser übergießen und sechs bis zehn Minuten ziehen lassen, dann abseihen.
Anwendung: Vor dem Zubettgehen eine Tasse pro Tag trinken.

Schlaffördernder Tee III

50 g Baldrian
25 g Heidekraut (Herba callunae)
25 g Melissenblätter

Einen Teelöffel der Mischung mit einer Tasse kochendem Wasser übergießen und sechs bis acht Minuten ziehen lassen, dann abseihen.
Anwendung: Abends eine Tasse pro Tag trinken.

Schlaffördernder Tee IV

25 g Baldrianwurzel
25 g Melissenblätter
25 g Passionsblumenkraut
15 g Hopfenzapfen
10 g Waldmeisterkraut

Einen Teelöffel der Mischung mit einer Tasse kochendem Wasser übergießen und zehn Minuten ziehen lassen, dann abseihen.
Anwendung: Abends eine Tasse pro Tag trinken.

Schlaffördernder Tee V

45 g Hopfenzapfen
35 g Baldrian
20 g Johanniskraut

Einen Teelöffel der Mischung mit einer Tasse kochendem Wasser übergießen und acht bis zehn Minuten ziehen lassen, dann abseihen.
Anwendung: Vor dem Schlafengehen eine Tasse pro Tag trinken.

Teemischungen gegen Verdauungsbeschwerden

Da Probleme mit der Verdauung vielfältige Ursachen haben können, sollten Sie bei Ihrem Arzt oder Heilpraktiker Rat einholen und sich gegebenenfalls untersuchen lassen. Bei den meisten Verdauungsproblemen helfen vor allem sogenannte bittere Heilpflanzen. Allerdings sollten diese nicht bei Magenreizungen, übersäuertem Magen oder Magengeschwüren verwendet werden, da sie die Säurebildung anregen. Auch während der Schwangerschaft darf man derartige Tees nicht ohne Rücksprache mit dem Arzt trinken.

Tee gegen allgemeine Verdauungsschwäche I

30 g Pomeranzenschalen
20 g Kümmel
15 g Enzianwurzel
15 g Wermutkraut
10 g Melissenblätter
10 g Pfefferminzblätter

Einen Teelöffel der Mischung mit einer Tasse kochendem Wasser übergießen und sechs bis acht Minuten ziehen lassen, dann abseihen.
Anwendung: Zwei bis drei Tassen pro Tag trinken.

Tee gegen allgemeine Verdauungsschwäche II

25 g Pfefferminzblätter
25 g Thymian
20 g Lavendelblüten
20 g Fenchel
10 g Gewürznelken

Einen Teelöffel der Mischung mit einer Tasse kochendem Wasser übergießen und acht bis zehn Minuten ziehen lassen, dann abseihen.
Anwendung: Jeweils nach dem Essen eine Tasse trinken.

Tee gegen allgemeine Verdauungsschwäche III

50 g Pfefferminzblätter
50 g Wermutkraut

Einen Teelöffel der Mischung mit einer Tasse kochendem Wasser übergießen und zehn Minuten ziehen lassen, dann abseihen.
Anwendung: Vor den Mahlzeiten jeweils eine Tasse trinken.

Tee gegen Blähungen I

30 g *Kümmel*
20 g *Fenchel*
20 g *Kalmuswurzel* (Acorus calamus)
20 g *Pfefferminzblätter*
10 g *Kamillenblüten*

Einen Teelöffel der Mischung mit einer Tasse kochendem Wasser übergießen und acht bis zehn Minuten ziehen lassen, anschließend abseihen.
Anwendung: Jeweils eine Tasse eine halbe Stunde nach den Mahlzeiten trinken.

Tee gegen Blähungen II

30 g *Melissenblätter*
30 g *Pfefferminzblätter*
20 g *Fenchel*
20 g *Kümmel*

Einen Teelöffel der Mischung mit einer Tasse kochendem Wasser übergießen und fünfzehn Minuten ziehen lassen, dann abseihen.
Anwendung: Drei bis vier Tassen pro Tag trinken.

Tee gegen Blähungen III

40 g Kardamom
40 g Kümmel
20 g Fenchel

Zwei Teelöffel der Mischung mit einer Tasse kochendem Wasser übergießen und acht bis zehn Minuten ziehen lassen, dann abseihen.
Anwendung: Bei Bedarf eine Tasse trinken.

Tee gegen Blähungen IV

25 g Fenchel
25 g Kamillenblüten
25 g Kümmel
25 g Pfefferminzblätter

Einen Teelöffel der Mischung mit einer Tasse kochendem Wasser übergießen und acht bis zehn Minuten ziehen lassen, anschließend abseihen.
Anwendung: Zwei bis drei Tassen pro Tag trinken.

Tee gegen Blähungen V

35 g Anis
35 g Fenchel
35 g Kümmel

Einen Teelöffel der Mischung mit einer Tasse kochendem Wasser übergießen und zwanzig Minuten ziehen lassen, dann abseihen.
Anwendung: Eine Viertelstunde nach jeder Mahlzeit eine Tasse trinken.

Tee gegen Durchfall I

35 g *Baldrianwurzel*
35 g *Gänsefingerkraut*
35 g *Melissenblätter*

Eineinhalb Teelöffel der Mischung mit einer Tasse kochendem Wasser übergießen und acht bis zehn Minuten ziehen lassen, dann abseihen.
Anwendung: Eine Tasse pro Tag trinken.

Tee gegen Durchfall II

35 g *Brombeerblätter*
20 g *Walnußblätter*
15 g *Salbeiblätter*
15 g *Sanikelkraut* (Sanicula europaea)
15 g *Schafgarbenkraut*

Einen Teelöffel der Mischung mit einer Tasse kochendem Wasser übergießen und acht bis zehn Minuten ziehen lassen, dann abseihen.
Anwendung: Drei bis vier Tassen pro Tag trinken.

Tee gegen Durchfall III

50 g Heidelbeeren
25 g Kamillenblüten
25 g Melissenblätter

Einen Teelöffel der Mischung mit einer Tasse kochendem Wasser übergießen und acht bis zehn Minuten ziehen lassen, dann abseihen.
Anwendung: Drei Tassen pro Tag trinken.

Tee gegen Durchfall IV

35 g Gänsefingerkraut
35 g Melissenblätter
35 g Pfefferminzblätter

Einen Teelöffel der Mischung mit einer Tasse kochendem Wasser übergießen und acht bis zehn Minuten ziehen lassen, anschließend abseihen.
Anwendung: Zwei bis drei Tassen pro Tag trinken.

Tee gegen Verstopfung I

35 g Kamille
35 g Kümmel
30 g Faulbaumrinde

Einen Teelöffel der Mischung mit einer Tasse kochendem Wasser übergießen und sechs bis acht Minuten ziehen lassen, dann abseihen.
Anwendung: Morgens eine Tasse trinken.

Tee gegen Verstopfung II

30 g Pfefferminzblätter
30 g Sennesblätter (Angustifolia cassia)
20 g Fenchel
20 g Kümmel

Ein bis eineinhalb Teelöffel der Mischung mit einer Tasse kochendem Wasser übergießen und zwanzig Minuten ziehen lassen, dann abseihen.
Anwendung: Morgens und abends jeweils eine Tasse trinken.

Tee gegen Verstopfung III

30 g Faulbaumrinde
30 g Pfefferminzblätter
20 g Kümmel
20 g Sennesblätter (Angustifolia cassia)

Ein bis eineinhalb Teelöffel der Mischung mit einer Tasse kochendem Wasser übergießen und fünfzehn Minuten ziehen lassen, dann abseihen.
Anwendung: Abends eine Tasse trinken.

Tee gegen Verstopfung IV

35 g Enzian (Gentiana lutea)
35 g Fenchelfrüchte
35 g Tausendgüldenkraut

Einen Teelöffel der Mischung mit einer Tasse kochendem Wasser übergießen und sechs bis acht Minuten ziehen lassen, dann abseihen.
Anwendung: Drei Tassen pro Tag trinken.

Früchtetee-Mischungen zum Genießen für die ganze Familie

Apfel-Vanille-Tee

40 g Apfelstücke
30 g Vanilleschotenstücke
30 g Zimtrinde

Einen halben Teelöffel der Mischung mit einer Tasse kochendem Wasser übergießen und sechs bis zehn Minuten ziehen lassen, dann abseihen.

Beerentraum

25 g Erdbeerstücke
25 g Himbeerstücke
25 g Hagebutten
25 g Hibiskusblüten

Einen Teelöffel der Mischung mit einer Tasse kochendem Wasser übergießen und acht bis zehn Minuten ziehen lassen, dann abseihen.

Blättertee

25 g Brombeerblätter
25 g Erdbeerblätter
25 g Himbeerblätter
25 g schwarze Johannisbeerblätter

Einen Teelöffel der Mischung mit einer Tasse kochendem Wasser übergießen und zehn Minuten ziehen lassen, dann abseihen.

Blüten-Früchte-Tee

2 Eßlöffel Hagebuttenfrüchte
1 Eßlöffel Hibiskusblüten
1 unbehandelte Zitrone
2 Zimtstangen

Die Zitrone halbieren und auspressen. Die Zitronenschale ohne das Weiße darunter abschälen, mit den Hagebutten, den Blüten und den Zimtstangen in eine Kanne geben. Ein Liter kochendes Wasser darübergießen, fünf Minuten ziehen lassen, dann abseihen. Nach Wunsch etwas abkühlen lassen oder kalt stellen und kurz vor dem Trinken den Zitronensaft dazugeben.

Exoten-Tee

30 g unbehandelte Orangenschalen
25 g Hagebutten
25 g Hibiskus
10 g Maracujafrüchte
10 g unbehandelte Zitronenschalen

Einen Teelöffel der Mischung mit einer Tasse kochendem Wasser übergießen und sechs bis zehn Minuten ziehen lassen, anschließend abseihen.

Heidelbeertee

25 g Heidelbeeren
25 g Erdbeerblätter
25 g Hagebutten
25 g Hibiskusblüten

Einen Teelöffel der Mischung mit einer Tasse kochendem Wasser übergießen und acht bis zehn Minuten ziehen lassen, dann abseihen.

Kirschtee

40 g Kirschen
25 g Hagebutten
25 g Hibiskusblüten
10 g Apfelschalen

Einen Teelöffel der Mischung mit einer Tasse kochendem Wasser übergießen und acht bis zehn Minuten ziehen lassen, dann abseihen.

Pfirsichtee

40 g Pfirsichstücke
25 g Hagebutten
25 g Hibiskusblüten
10 g Apfelschalen

Einen Teelöffel der Mischung mit einer Tasse kochendem Wasser übergießen und acht bis zehn Minuten ziehen lassen, dann abseihen.

Rooibusch-Zitrustee

10 Teelöffel Rooibusch
3 Eßlöffel Honig
$^1/_2$ Teelöffel Zimtpulver
0,2 Liter Orangensaft
3 Eßlöffel Zitronensaft

Rooibusch mit einem halben Liter kochendem Wasser übergießen und fünf Minuten ziehen lassen. Abseihen, dann Honig und Zimt unterrühren, Orangen- und Zitronensaft dazugeben und warm oder kalt servieren.

Rooibusch-Minztee

5 Eßlöffel Rooibusch
5 Teelöffel getrocknete Minzblätter
3 Eßlöffel Honig

Rooibusch und Minze mit einem Liter kochendem Wasser übergießen und fünf Minuten ziehen lassen. Abseihen, mit Honig süßen und warm oder kalt servieren.

Roter Apfeltee

25 g Apfelschalen
25 g Apfelstücke
25 g Hagebutten
25 g Hibiskusblüten

Einen Teelöffel der Mischung mit einer Tasse kochendem Wasser übergießen und acht bis zehn Minuten ziehen lassen, dann abseihen.

Sauer-macht-lustig-Tee

45 g Hagebutten
45 g Sauerdornfrüchte (Berberis vulgaris; *auch Berberitzen)*
10 g unbehandelte Zitronenschalen

Einen Teelöffel der Mischung mit einer Tasse kochendem Wasser übergießen und zehn Minuten ziehen lassen, dann abseihen.

Zitrustee

30 g Orangenschalen
30 g Zitronenschalen
15 g Holunderbeeren
15 g Eisenkraut

Einen Teelöffel der Mischung mit einer Tasse kochendem Wasser übergießen und acht bis zehn Minuten ziehen lassen, anschließend abseihen.

Vanilletee

25 g Vanilleschotenstücke
25 g Apfelstücke
25 g Hagebutten
25 g Hibiskusblüten

Einen Teelöffel der Mischung mit einer Tasse kochendem Wasser übergießen und acht bis zehn Minuten ziehen lassen, dann abseihen.

Kalte Teeköstlichkeiten für heiße Tage

Die nachstehenden Rezepte lassen sich ebenso schnell wie unkompliziert herstellen und auch gut vorbereiten. Sie sind für jede Altersgruppe ideale Durstlöscher, vor allem in der warmen Jahreszeit, lassen sich aber natürlich auch jederzeit im Winter genießen. Um die Tees noch fruchtiger zu machen, kommt in jeden auch etwas Fruchtsaft. Dieser sollte nach Möglichkeit ungesüßt sein und aus ökologischem Anbau stammen. Wer süßere Getränke bevorzugt, sollte in diesem Fall aber keinen normalen Haushaltszucker verwenden, sondern mit Traubenzucker oder mit etwas Ahornsirup süßen. Die Tees haben sich übrigens auch bei kleinen und großen Feiern als nicht alltägliche alkoholfreie Alternative zu den traditionellen Getränken Apfelsaft, Orangensaft und Limonade bewährt und bei Groß und Klein nachhaltigen Anklang gefunden.

Apfel-Zitrus-Tee

Unbehandelte Schalen von 2 Zitronen
2 Teelöffel Apfelschalen oder -stücke
0,25 Liter Apfelsaft
frische Melissenblätter und Zitronenscheiben zum Garnieren
eventuell Traubenzucker oder Ahornsirup nach Geschmack

Zitronen- und Apfelschalen oder -stücke mit einem Liter kochendem Wasser übergießen und zehn Minuten ziehen lassen. Anschließend abseihen und kühl stellen. Vor dem Servieren Apfelsaft dazugießen und umrühren. Bei Bedarf mit Traubenzucker oder Ahornsirup süßen. Mit Melissenblättern und Zitronenscheiben garnieren.

Alternative: Wer es etwas spritziger mag, gibt zwei Teelöffel Apfelschalen oder -stücke mehr dazu und gießt unmittelbar vor dem Servieren zusätzlich noch mit 0,2 Liter stark kohlensäurehaltigem Mineralwasser auf.

Tip: Statt frischer Melissenblätter kann man hier und in den anderen Rezepten natürlich auch eingefrorene Blätter nehmen oder man gibt ein Stückchen von einer frischen Frucht oder ein paar gefrorene Beeren dazu, die sich farblich von dem Tee etwas abheben.

Caribbean Star

4 Teelöffel Pfirsichschalen und/oder -stücke
Fruchtfleisch einer Passionsfrucht
1 Teelöffel kandierte Mangostückchen
0,25 Liter Ananassaft
1 Eßlöffel Zitronensaft
frische Melissenblätter und Ananasscheiben
oder Zitronenachtel zum Garnieren
eventuell Traubenzucker oder Ahornsirup
nach Geschmack

Pfirsichschalen oder -stücke, Passionsfrucht und Mangostückchen mit einem Liter kochendem Wasser übergießen und zehn Minuten ziehen lassen. Anschließend abseihen und kühl stellen. Vor dem Servieren Ananas- und Zitronensaft dazugießen und umrühren. Bei Bedarf mit Traubenzucker oder Ahornsirup süßen. Mit Melissenblättern und Ananasscheiben oder Zitronenachteln garnieren.
Alternative: Wer es etwas spritziger mag, gibt eineinhalb Teelöffel Pfirsichschalen oder -stücke mehr dazu und gießt unmittelbar vor dem Servieren zusätzlich noch mit 0,2 Liter stark kohlensäurehaltigem Mineralwasser auf.

Cherry Dreams

6 Teelöffel Sauerkirschstücke
1 Teelöffel Apfelschalen oder -stücke
0,25 Liter Kirschsaft
Zitronenscheiben zum Garnieren
eventuell Traubenzucker oder Ahornsirup nach Geschmack

Die Sauerkirschstücke und die Apfelschalen oder -stücke mit einem Liter kochendem Wasser übergießen und zehn Minuten ziehen lassen. Anschließend abseihen und kühl stellen. Vor dem Servieren Kirschsaft dazugießen und umrühren. Bei Bedarf mit Traubenzucker oder Ahornsirup süßen. Mit Zitronenscheiben garnieren.
Alternative: Wer es etwas spritziger mag, gibt entweder eineinhalb Teelöffel Sauerkirschstücke bzw. Apfelschalen oder -stücke mehr dazu und gießt unmittelbar vor dem Servieren zusätzlich noch mit 0,2 Liter stark kohlensäurehaltigem Mineralwasser auf.

Green Apricot

6 Teelöffel Aprikosenstücke
2 Teelöffel Apfelschalen
0,25 Liter Aprikosensaft
1 Eßlöffel Zitronensaft
frische Melissenblätter zum Garnieren
eventuell Traubenzucker oder Ahornsirup nach Geschmack

Die Aprikosenstücke und die Apfelschalen mit einem Liter kochendem Wasser übergießen und zehn Minuten ziehen lassen. Anschließend abseihen und kühl stellen. Vor dem Servieren Aprikosen- und Zitronensaft dazugießen und umrühren. Bei Bedarf mit Traubenzucker oder Ahornsirup süßen. Mit Melissenblättern garnieren.

Alternative: Wer es etwas spritziger mag, gibt entweder eineinhalb Teelöffel Aprikosenstücke bzw. Apfelschalen oder -stücke mehr dazu und gießt unmittelbar vor dem Servieren zusätzlich noch mit 0,2 Liter stark kohlensäurehaltigem Mineralwasser auf.

Heidelbeer-Mix

4 Eßlöffel Heidelbeeren
2 Eßlöffel Brombeerblätter
0,25 Liter Heidelbeersaft
(alternativ 0,1 Liter Apfelsaft und
0,15 Liter Mineralwasser)
1 Teelöffel Zitronensaft
frische Melissenblätter zum Garnieren
eventuell Traubenzucker oder
Ahornsirup nach Geschmack

Die Heidelbeeren mit einem Löffelrücken etwas quetschen. Zusammen mit den Brombeerblättern mit einem Liter kochendem Wasser übergießen und zehn Minuten ziehen lassen. Anschließend abseihen und kühl stellen. Vor dem Servieren Heidelbeersaft bzw. Apfelsaft und Mineralwasser dazugießen und umrühren. Bei Bedarf mit Traubenzucker oder Ahornsirup süßen. Mit Melissenblättern garnieren.
Alternative: Wer es etwas spritziger mag, gibt 1 Eßlöffel Heidelbeeren mehr dazu und gießt unmittelbar vor dem Servieren zusätzlich noch mit 0,2 Liter stark kohlensäurehaltigem Mineralwasser auf.

Lemongrass Tea

4 Eßlöffel Zitronengras
(Sereh; aus dem Asienladen)
0,25 Liter weißer Traubensaft
Saft einer Zitrone
Zitronenscheiben zum Garnieren
eventuell Traubenzucker oder Ahornsirup
nach Geschmack

Zitronengras am besten in einem Teefilter oder einem Teestrumpf mit einem Liter kochendem Wasser übergießen und acht Minuten ziehen lassen. Den Filter oder Teestrumpf herausnehmen, leicht ausdrücken und den Tee kühl stellen. Vor dem Servieren Trauben- und Zitronensaft dazugießen und umrühren. Nach Belieben ein paar Eiswürfel zufügen. Bei Bedarf mit Traubenzucker oder Ahornsirup süßen. Mit den Zitronenscheiben garnieren.
Alternative: Wer es etwas spritziger mag, gibt 2 Teelöffel Lemongrass mehr dazu und gießt unmittelbar vor dem Servieren zusätzlich noch mit 0,2 Liter stark kohlensäurehaltigem Mineralwasser auf.

Peach Fun

10 Teelöffel Pfirsichschalen und/oder -stücke
1 Teelöffel Apfelschalen
0,25 Liter Pfirsichsaft
1 Eßlöffel Zitronensaft
Zitronenscheiben zum Garnieren
eventuell Traubenzucker oder Ahornsirup nach Geschmack

Die Pfirsichschalen und/oder -stücke und die Apfelschalen mit einem Liter kochendem Wasser übergießen und zehn Minuten ziehen lassen. Anschließend abseihen und kühl stellen. Vor dem Servieren Pfirsich- und Zitronensaft dazugießen und umrühren. Bei Bedarf mit Traubenzucker oder Ahornsirup süßen. Mit den Zitronenscheiben garnieren.
Alternative: Wer es etwas spritziger mag, gibt zwei Teelöffel Pfirsichschalen oder -stücke mehr dazu und gießt unmittelbar vor dem Servieren zusätzlich noch mit 0,2 Liter stark kohlensäurehaltigem Mineralwasser auf.

Pflaumen-Drink

6 Teelöffel Pflaumenstücke
2 Teelöffel Brombeerblätter
0,25 Liter Pflaumensaft oder
roter Traubensaft
frische Melissenblätter zum Garnieren
eventuell Traubenzucker oder Ahornsirup
nach Geschmack

Pflaumenstücke und Brombeerblätter mit einem Liter kochendem Wasser übergießen und zwölf bis fünfzehn Minuten ziehen lassen. Anschließend abseihen und kühl stellen. Vor dem Servieren Pflaumen- oder Traubensaft dazugießen und umrühren. Bei Bedarf mit Traubenzucker oder Ahornsirup süßen. Mit den Melissenblättern garnieren

Alternative: Wer es etwas spritziger mag, gibt zwei Teelöffel Pflaumenstücke mehr dazu und gießt unmittelbar vor dem Servieren zusätzlich noch mit 0,2 Liter stark kohlensäurehaltigem Mineralwasser auf.

Royal Cocktail

2 Teelöffel Zitronenschalen
2 Teelöffel Apfelschalen oder -stücke
2 Teelöffel Hagebutten
2 Teelöffel Hibiskus
0,15 Liter Apfelsaft
0,1 Liter Orangensaft
frische unbehandelte Zitronenschalen
und frische Melissenblätter zum Garnieren
eventuell Traubenzucker oder Ahornsirup
nach Geschmack

Zitronenschalen, Apfelschalen oder -stücke, Hagebutten und Hibiskus mit einem Liter kochendem Wasser übergießen und zehn Minuten ziehen lassen. Anschließend abseihen und kühl stellen. Vor dem Servieren Apfel- und Orangensaft dazugießen und umrühren. Nach Belieben ein paar Eiswürfel dazugeben. Bei Bedarf mit Traubenzucker oder Ahornsirup süßen. Mit den Zitronenschalen und Melissenblättern garnieren.
Alternative: Wer es etwas spritziger mag, gibt je einen Teelöffel Zitronenschalen und Hagebutten mehr dazu und gießt unmittelbar vor dem Servieren zusätzlich noch mit 0,2 Liter stark kohlensäurehaltigem Mineralwasser auf.

Sommertraum

1 Eßlöffel Orangenschalen
2 Teelöffel Apfelstücke
1 Teelöffel Pflaumenstücke
1 Teelöffel Hagebutten
0,25 Liter Apfelsaft
Orangenschalenstückchen zum Garnieren
eventuell Traubenzucker oder Ahornsirup
nach Geschmack

Alle Zutaten außer dem Saft mit einem Liter kochendem Wasser übergießen und acht Minuten ziehen lassen, dann abseihen und kühl stellen. Vor dem Servieren Apfelsaft dazugießen und umrühren. Bei Bedarf mit Traubenzucker oder Ahornsirup süßen. Nach Belieben ein paar Eiswürfel dazugeben. Mit den Orangenschalenstückchen garnieren.
Alternative: Wer es etwas spritziger mag, gibt einen Eßlöffel Orangenschalen mehr dazu und gießt unmittelbar vor dem Servieren zusätzlich noch mit 0,2 Liter stark kohlensäurehaltigem Mineralwasser auf.

Früchte-Mix

4 Teelöffel Erdbeerblätter
2 Teelöffel Aprikosenschalen
1 Teelöffel Melissenblätter
0,25 Liter Aprikosensaft
frische Melissenblätter zum Garnieren
eventuell Traubenzucker oder Ahornsirup nach Geschmack

Erdbeerblätter, Aprikosenschalen und Melissenblätter mit einem Liter kochendem Wasser übergießen und fünfzehn Minuten ziehen lassen. Anschließend abseihen und kühl stellen. Vor dem Servieren Aprikosensaft dazugießen und umrühren. Bei Bedarf mit Traubenzucker oder Ahornsirup süßen. Mit Melissenblättern garnieren.
Alternative: Wer es etwas spritziger mag, gibt zwei Teelöffel Erdbeerblätter mehr dazu und gießt unmittelbar vor dem Servieren zusätzlich noch mit 0,2 Liter stark kohlensäurehaltigem Mineralwasser auf.

Eistees für Genießer

Eistee ist hierzulande auf dem Vormarsch. Es scheint, daß er sich zumindest bei jüngeren Leuten gar zum alkoholfreien Sommergetränk schlechthin entwickeln könnte. Er erfrischt, schmeckt angenehm süß und löscht den Durst. Die ersten, die sich für die eisgekühlten Teemischungen interessierten, waren die Amerikaner, die für sich beanspruchen, während der Weltausstellung des Jahres 1904 in St. Louis den ersten Eistee kreiert zu haben.
Fertig gekaufter Eistee enthält in der Regel ungeheuere Mengen an Zucker. Wer die kalte Köstlichkeit selbst herstellen möchte, sollte daher statt dessen Traubenzucker oder Ahornsirup verwenden.

So gelingt Ihr Eistee am besten

- Die doppelte bis dreifache Menge Fruchtstücke verwenden. Da der Eistee später durch das Eis verdünnt wird, braucht er eine stärkere Konzentration als normaler Tee.
- Der Tee soll höchstens zehn Minuten in der Kanne ziehen.
- Rechnen Sie für eine Tasse Tee etwa die doppelte Menge an Eiswürfeln.
- Fügen Sie je nach Geschmack etwas Zitronensaft und Traubenzucker oder Ahornsirup hinzu.

Zitrus-Eistee

6 Teelöffel unbehandelte Orangenschalen
6 Teelöffel unbehandelte Zitronenschalen
3 Teelöffel Pomeranzenschalen
0,1 Liter Orangensaft
3 Eßlöffel Zitronensaft
Traubenzucker oder Ahornsirup nach Geschmack
Orangen- oder Zitronenscheiben zum Garnieren

Orangen-, Zitronen- und Pomeranzenschalen mit einem Liter kochendem Wasser übergießen. Anschließend zugedeckt zehn Minuten ziehen lassen, dann abseihen. Orangensaft, Zitronensaft und Traubenzucker oder Ahornsirup dazugeben und umrühren. Eine viertel bis halbe Stunde kühl stellen. Ein Bowlengefäß oder eine entsprechend große Kanne zu zwei Dritteln mit Eiswürfeln füllen und sofort den Tee darübergießen. Die Orangen- oder Zitronenscheiben dazugeben. Der Tee kann sogleich serviert oder einige Zeit kalt gestellt werden.

Früchte-Eistee

4 Teelöffel Apfelschalen
4 Teelöffel Zitronenschalen
3 Teelöffel Hagebutten
3 Teelöffel Hibiskusblüten
abgeriebene Schale von zwei unbehandelte Zitronen
2 Eßlöffel Zitronensaft
Traubenzucker oder Ahornsirup
nach Geschmack
Zitronenscheiben zum Garnieren

Apfel- und Zitronenschalen, Hagebutten, Hibiskusblüten sowie die abgeriebene Zitronenschale mit einem Liter kochendem Wasser übergießen. Anschließend zugedeckt zehn Minuten ziehen lassen, dann abseihen. Zitronensaft und Traubenzucker oder Ahornsirup dazugeben und umrühren. Eine halbe Stunde kühl stellen. Ein Bowlengefäß oder eine entsprechend große Kanne zu zwei Dritteln mit Eiswürfeln füllen und sogleich den Tee darübergießen. Die Zitronenscheiben dazugeben. Der Tee kann sofort serviert oder einige Zeit kalt gestellt werden.

Kirsch-Eistee

6 Teelöffel Kirschen
4 Teelöffel Apfelschalen
1 Teelöffel Zitronenschalen
0,1 Liter Kirschsaft
1 Eßlöffel Zitronensaft
Traubenzucker oder Ahornsirup
nach Geschmack
Zitronenscheiben oder frische Kirschen
zum Garnieren

Kirschen, Apfel- und Zitronenschalen mit einem Liter kochendem Wasser übergießen. Anschließend zehn Minuten zugedeckt ziehen lassen, dann abseihen. Kirschsaft, Zitronensaft und Traubenzucker oder Ahornsirup dazugeben und umrühren. 15 bis 30 Minuten kühl stellen. Ein Bowlengefäß oder eine entsprechend große Kanne zu zwei Dritteln mit Eiswürfeln füllen und sogleich den Tee darübergießen. Zitronenscheiben oder Kirschen dazugeben. Der Tee kann sofort serviert oder einige Zeit kalt gestellt werden.

Minz-Melissen-Eistee

8 Teelöffel Pfefferminzblätter
4 Teelöffel Melissenblätter
2 Teelöffel Zitronenschalen
1 Eßlöffel Zitronensaft
Traubenzucker oder Ahornsirup
nach Geschmack
frische Pfefferminz- oder Melissenblätter
zum Garnieren

Pfefferminz- und Melissenblätter sowie Zitronenschalen mit einem Liter kochendem Wasser übergießen. Zugedeckt zehn Minuten ziehen lassen, dann abseihen. Zitronensaft und Traubenzucker oder Ahornsirup unterrühren. Eine halbe Stunde kühl stellen. Ein Bowlengefäß oder eine entsprechend große Kanne zu zwei Dritteln mit Eiswürfeln füllen und sofort den Tee darübergießen. Frische Pfefferminz- oder Melissenblätter dazugeben. Der Tee kann sogleich serviert oder einige Zeit kalt gestellt werden.

Summer Feeling Ice Tea

4 Teelöffel Pfirsichschalen und -stücke
2 Teelöffel Zitronenschalen
2 Teelöffel Apfelschalen
0,1 Liter Pfirsichsaft
1 Eßlöffel Zitronensaft
Traubenzucker oder Ahornsirup
nach Geschmack
Nektarinenscheiben oder Bananenscheiben
zum Garnieren

Pfirsichschalen und -stücke, Zitronen- und Apfelschalen mit einem Liter kochendem Wasser übergießen. Zehn Minuten zugedeckt ziehen lassen, dann abseihen. Pfirsichsaft, Zitronensaft und Traubenzucker oder Ahornsirup dazugeben, gut umrühren. 15 bis 30 Minuten kühl stellen. Ein Bowlengefäß oder eine entsprechend große Kanne zu zwei Dritteln mit Eiswürfeln füllen und sogleich den Tee darübergießen. Der Tee kann sofort serviert oder einige Zeit kalt gestellt werden. Erst kurz vor dem Servieren die Nektarinen- oder Bananenscheiben dazugeben.

Sweet Dreams Ice Tea

4 Teelöffel Apfelschalen und -stücke
2 Teelöffel Aprikosenstücke
2 Teelöffel Zitronenschalen
0,1 Liter Ananassaft
1 Eßlöffel Zitronensaft
Ananas- oder Zitronenscheiben zum Garnieren
Traubenzucker oder Ahornsirup nach Geschmack

Apfelschalen und -stücke, Aprikosen und Zitronenschalen mit einem Liter kochendem Wasser übergießen. Zehn Minuten zugedeckt ziehen lassen, dann abseihen. Ananassaft, Zitronensaft und Traubenzucker oder Ahornsirup dazugeben und umrühren. 15 bis 30 Minuten kühl stellen. Ein Bowlengefäß oder eine entsprechend große Kanne zu zwei Dritteln mit Eiswürfeln füllen und sofort den Tee darübergießen. Ananas- oder Zitronenscheiben dazugeben. Der Tee kann sogleich serviert oder einige Zeit kalt gestellt werden.

Alphabetisches Register der deutschen Pflanzennamen

Alphabetisches Register der lateinischen Pflanzennamen

Alphabetisches Rezeptverzeichnis

HEYNE BÜCHER

Genießen ohne Risiko

Ausgewogene Ernährung
Ein Beitrag zur Krebsprävention mit 125 Rezepten
07/4691

07/4591

Inge Grieser
Das Kochbuch für Neurodermitiker
07/4648

Inge Grieser
Das Neurodermitiker-Backbuch
07/4683

Uwe Karstädt
Das Candida-Kochbuch
Durch richtige Ernährung Pilzerkrankungen heilen
07/4677

M. Landenberger/B. Schütz/R. Wendler
Das neue Kochbuch für Diabetiker
07/4565

Claudia Latzel
Bäckereien und Süßspeisen für Diabetiker
07/4584

Ingrid Malhotra
Die Cholesterin-Diät
07/4591

Ute Rabe
Das Kochbuch für Eiweißallergiker
Vollwertige Rezepte ohne Gluten, Milch- und Hühnereiweiß
07/4681

Heyne-Taschenbücher